互联网+时代背景下高校思政课程的教学模式探究

秦 旻 贠 雯 刘 帅◎著

吉林大学出版社
·长春·

图书在版编目（CIP）数据

互联网＋时代背景下高校思政课程的教学模式探究 / 秦旻，贠雯，刘帅著．-- 长春：吉林大学出版社，2022.11

ISBN 978-7-5768-1305-0

Ⅰ．①互… Ⅱ．①秦… ②贠… ③刘… Ⅲ．①高等学校－思想政治教育－教学模式－研究－中国 Ⅳ．①G641

中国版本图书馆 CIP 数据核字 (2022) 第 243002 号

书　　名　互联网＋时代背景下高校思政课程的教学模式探究
　　　　　HULIANWANG+ SHIDAI BEIJING XIA GAOXIAO SIZHENG KECHENG DE JIAOXUE MOSHI TANJIU
作　　者　秦　旻　贠　雯　刘　帅　著
策划编辑　殷丽爽
责任编辑　董贵山
责任校对　殷丽爽
装帧设计　李文文
出版发行　吉林大学出版社
社　　址　长春市人民大街 4059 号
邮政编码　130021
发行电话　0431-89580028/29/21
网　　址　http://www.jlup.com.cn
电子邮箱　jdcbs@jlu.edu.cn
印　　刷　天津和萱印刷有限公司
开　　本　787mm × 1092mm　1/16
印　　张　11.5
字　　数　200 千字
版　　次　2023 年 1 月　第 1 版
印　　次　2023 年 1 月　第 1 次
书　　号　ISBN 978-7-5768-1305-0
定　　价　72. 00 元

前　言

互联网时代最明显的特征就是信息传递的方式多元化，并且在信息技术的支持下，很多工作的效率大大提升，所以互联网是推动现代社会发展的重要力量。在此背景下，很多传统行业尝试与互联网相结合，基本都取得了很好的成绩，这为“互联网＋教育”奠定了良好的基础。思想政治是高等院校课程体系的重要组成部分，它肩负着弘扬社会主义核心价值观、培养大学生良好的道德品行和崇高理想信念的重任，因此提高高校思想政治教学有效性是我们需要重点关注的问题。随着我国网络强国战略稳步推行，互联网体系日益健全，同时推动教育事业不断发展。基于共享精神，国内外资讯充斥互联网，并对人们的主观意识产生影响，大学生作为我国网民的重要主体，其思想意识容易受到网络信息的冲击，影响大学生政治信仰的稳定性，降低新时期人才培育质量。为此，高等院校需立足互联网环境，有效开展“互联网＋思想政治教育”这一新的教学模式，从而更好地实现高校思政课程立德树人的重要目标。

本书共五章，第一章为高校思想政治教育概述，主要介绍高校思想政治教育的现状、内涵、原则和理念；第二章为“互联网＋”教育概述，内容包括“互联网＋”的概念特征、“互联网＋”教育的发展和意义，以及“互联网＋”教育的特征和落实；第三章为“互联网＋”时代高校思政教育的发展状况，主要分析“互联网＋”高校思政教育的发展及特征、“互联网＋”对高校思政教育的影响，以及“互联网＋”时代高校思政教育的原则和方法；第四章为“互联网＋”背景下高校思政课程的构建，内容包括“互联网＋”背景下高校思政教育的内涵解读、“互联网＋”背景下高校思政教育体系的构建，以及“互联网＋”背景下高校思政教育队伍的建设；第五章为“互联网＋”时代高校思政教学模式的创新，主要介绍高校思想政治“翻转课堂”的构建、“慕课”在高校思政教学中的应用，最后对“互联网＋”高校思政教育进行总结和反思。

在撰写本书的过程中，笔者得到了许多专家学者的帮助和指导，参考了大量的学术文献，在此表示真诚的感谢。由于笔者水平有限，书中难免会有疏漏之处，希望广大读者予以指正。

作者

2021 年 10 月

目 录

第一章　高校思想政治教育概述

本章对高校思想政治教育进行概述，第一节分析高校思想政治教育的现状，包括高校思想政治教育存在的问题和取得的成绩等内容；第二节介绍高校思想政治教育的内涵，包括思想政治教育的概念、思想政治课程的内容、地位和特点；第三节介绍高校思想政治教育的主要原则，第四节分析高校思想政治教育的主要理念。

第一节　高校思想政治教育的现状

一、当前大学生政治信仰的内涵和现状

（一）政治信仰与大学生政治信仰

1. 政治信仰的理解

政治信仰是指个体在通过政治、经济、环境等诸多方面的不断影响下，了解自身对政治深度的认知，来剥离与政治大方向违背的思想，最终服从于当前的信仰，政治信仰体现的是一种政治安慰与个体对于一种政治秩序建立后的高度服从。许多年来对于政治信仰的界定，社会研究机构或学术界都是众说纷纭、莫衷一是，但通过研究大多数政治学术论文可以得知，政治信仰的共性问题是要以公民个人的政治认知、价值取向为依托，相对来说政治信仰是公民政治认知的最高体现，而公民的政治认知则是政治信仰的一种基本依托。实际上，宗教信仰、道德信仰、无神论者都是一种信仰，这就说明个体的政治信仰扩大为社会政治信仰后，个体的行为会影响这个综合体，但在其复杂相连的过程中，社会政治又作用于个体的政治信仰。正像亚里士多德所说的“人天生就是政治性动物，在个体成长的过程中，政治社会化使得一个人由‘自然人’转化为‘社会人’‘政治人’，这其中家

庭、学校、社会以及宣传媒介都起了重要的作用”①。然而有的学者则认为，政治信仰是由经济结构与上层建筑所决定的产物，它在特定的社会环境下规划着政治精神领域，并用制度让个体政治依附其中，在完成一系列政治理论体系的同时不断地吸纳个体政治参与，使之形成让民众信服、敬仰，并用这种信仰不断鞭策自身正视道德、坚定信仰的精神中枢。政治信仰在形式上呈现着为人们所认可的一种积极向上的政治态度，而在内涵上却一直秉承着高度领导群众意识的政治理想，这种理想与态度是否能够完美结合，完全在于社会有机体与人民主观精神的有效统一。

近年来学术界关于政治信仰的研究不断升温，但大致可以分为五种类型：一是政治阶梯说，将政治分为不同等级的阶梯，每一阶梯都有着自身的核心但又作用于最高级别，是基层反映上层结构的有力体现。二是政治相对说，是把政治信仰作为一种政治心理服从于现有的政治秩序。三是人文道德说，认为政治信仰决定于社会群体的价值取向。四是政治规则说，强调政治信仰规范自身力行。五是政治双向说，认为政治信仰作用于经济基础并推动社会发展进程。

按照当前政治信仰的不同分类，我们要分别从不同层面、不同方向对政治信仰进行先期把握，有学者认为政治信仰是人类信仰中极其重要的信仰形式，它是生活在特定社会历史条件下的社会群体或社会个人对理想社会模式及其政治理论坚定不移地相信和追求。政治信仰不单单反映的是社会政治价值，更多的却是个体政治信仰的价值取向，这种价值取向体现的是个体信仰对于社会未来的理想限定性，想要正确地理解政治信仰，要从两个方面入手。首先，政治信仰作为社会政治与上层结构相互扶持的桥梁，它所规范的是一种政治心态与政治安慰，在特定意识范畴下所界定的是人民群众对政治信仰的信服与信赖，实际上这种信服是社会政治形态的演化，正如其他信仰所规定的一样，最终要达到的目的与意义是政治动作下所体现的凝聚向心力，这就是固定价值。其次，政治信仰一定要让广大人民群众所认同，在当今社会，我们每一个人都有着固定的生活环境，但是人生下来就是一种政治动物，当个人价值观形成后，我们都会看到是社会大环境下的因素逐步驱使着人们向上发展，而这种动力就是政治信仰所产生的政治价值，同时这种价值广泛被人们接受并信服。因此，政治信仰在形成的过程中，认真研究其在个体政治价值中所起到的作用是很有必要的。

2. 大学生政治信仰的含义

生活在不同国度和社会中的人都会有自己的政治信仰，这就表明政治信仰是

① 亚里士多德. 政治学 [M]. 吴寿彭，译. 北京：商务印书馆，1965：7.

具体的而不是抽象的。对于当代大学生来讲，他们也有自己独特的政治信仰，这是由中国社会特有的意识形态、政治文化和发展阶段所决定的。那么，什么是大学生的政治信仰呢？本书对大学生政治信仰含义的界定和概括，主要包含以下三个方面：一是明确指出该种政治信仰的主体是当代大学生；二是大学生政治信仰的内容；三是大学生政治信仰的指向。由此，大学生政治信仰是指大学生对中国特色社会主义道路、理论和制度的确信，以及对未来共产主义社会的信奉与追求。这是从广义角度对大学生政治信仰做出的界定，其包括两个方面的内容：一方面，是对当前中国特色社会主义道路、理论和制度的信仰，这是在实践中不断发展和运用的中国化的马克思主义；另一方面，是对共产主义社会的信仰，这是大学生对未来理想社会的信奉和追求，是终极信仰。

（二）大学生政治信仰的构成

基于对大学生政治信仰含义的界定，我们将政治信仰的构成划分为政治价值取向、社会理想愿景、政治体制评价及政党政府态度四个大的方面。这四个方面是大学生政治信仰由抽象到具体的四个层级，每一个层级所涉及的内容都能够反映出大学生政治信仰的成熟度和坚定度。

政治价值取向主要关注大学生对经典马克思主义和当代中国特色社会主义理论的学习、理解和运用程度，是不是坚持马克思主义在我国意识形态的指导地位，是不是坚持中国走社会主义道路，是不是坚信共产主义社会是人类社会发展的必然趋势等。社会理想愿景重点是大学生对社会政治发展状况的期望和追求。可分为近期愿景和终极愿景。近期愿景主要是大学生对中国特色社会主义事业的信心和期望，包括社会公正、政治民主、生态文明、社会和谐及公民道德素养等诸多方面。终极愿景就是大学生对共产主义社会的向往和追求。政治体制重点关注大学生对我国现行社会主义制度的理解和服从程度，比如对四项基本原则的坚持、对人民代表大会制度、政治协商会议制度等基本制度的坚持。政党政府态度主要表现在对中国共产党的信任和对中国共产党领导下的政府的满意程度。党的信任主要是大学生对中国共产党的先进性、阶级性的认识，对共产党员的先锋模范作用的发挥和中国共产党立党为公、执政为民理念的认同，以及中国共产党能否带领中国人民实现中华民族的伟大复兴，最终走向共产主义社会。政府的满意度主要体现在大学生对当前我国政府所制定实施的一些政策、方针和路线的认识和满意程度。大致包括依法治国理念的贯彻和落实情况、缩小贫富差距，走向共同富裕，保持社会公正推进力度、反腐倡廉，打击腐败力度和反腐败制度建设的步伐及环境保护、治理雾霾的成效等。

（三）政治信仰的特征与大学生政治信仰的特点

1. 政治信仰的特征

（1）政治性

政治信仰所突出的是政治，随即是信仰，也就是说，首先，应有正确的政治立场，在信奉这种政治的情况下从而产生信仰。因此，这种人们所熟知的政治立场就是政治信仰中政治性的体现，政治并不是随着一个国家的产生而产生的，只要有人生活就会有政治，它伴随着阶级并紧紧与其相互依托。有时一种阶级的意志会以政治理论作为指导，而政治理论所承载的是一定阶级条件下所反映的社会本质，通过政治手段的表现来坚定特有范围的政治立场，并体现一个国家应有的政治意志。政治性的本源是统治阶级为维护自身的政治利益，而通过政治信仰来屈服群众的做法，这种特性是不可逆的，并不以个人意志为转移，反过来说一个国家的政治立场是以政治权利为核心，与此同时规定了政治制度和一系列理念体系规划着阶级以下的群众按照轨道行进，从而维护政权稳定、社会安宁，它所传播与灌输的是统治阶级的规定化流程，而不是普通社会双向的价值倡导。因此，政治信仰与其他信仰最根本的区别就在于这种唯一、不可逆的政治特性。

（2）阶级性

政治性是政治信仰特有的特征，在政治性的背后作为基础支撑点的是阶级性，马克思说："统治阶级的思想在每一时代都是占统治地位的思想。这就是说，一个阶级是社会上占统治地位的物质力量，同时也是社会上占统治地位的精神力量。支配着物质生产资料的阶级，同时也支配着精神生产的资料，因此，那些没有精神生产资料的人的思想，一般是受统治阶级支配的。"① 任何一个民族，任何一个国家想要人民群众认同一种政治，必须要利用自身的统治地位来发挥最佳全面的阶级控制，一方面这有利于巩固阶级政权，另一方面积极树立或者让人民群众敬仰信服自身的政治意志，这些是不可争辩的客观事实。因此，政治信仰本身就具有这种鲜明的阶级性，但我们要看到阶级性一直在向前发展，从古至今我国经历了奴隶社会、封建社会、资本主义社会、社会主义社会，社会制度不断向前发展，说明阶级性并不一定就代表消极主义。我国是工农阶级领导的，人民是国家的主人，结合马克思主义最终实现共产主义及个体自由的终极目标，在我国这种特有

① 马克思，恩格斯．马克思恩格斯全集（第三卷）[M]．中共中央马克思恩格斯列宁斯大林著作编译局，译．北京：人民出版社，2002：52．

的制度下，各族人民团结在共产党的周围，在信奉科学的政治信仰下，理解这阶级的牢固基础是广大人民群众。

（3）民族性

在不同的地域、不同的民族都有着不同的政治信仰，这就是政治信仰的民族性。所谓民族性就是在不同的统治阶级出现后所体现的最高政治意向，本质上代表着各个民族不同的利益统治。政治信仰分民族、分环境等种种不确定因素，显示出自身不尽相同的根本魅力。随着社会的不断发展，政治信仰形成的规律是非常难捉摸的，因此每个民族、每个国家在成立政权后都会按着当地的发展情况，以及改革机遇制定与自身相适应的政治理论，并形成意志鲜明、利益明确、特质特优、人民信服的政治信仰。在各国不同的政治信仰下，不同的政治民族性也就可见一斑了。

在各个民族浩如烟海的发展历史中，都会以本民族最鲜明的历史文化作为依托，在面临发展中所遇到的困难及机遇时，牢牢把握一种最利于自身的政治信仰，并把这种政治信仰作为最高统治阶级的价值诉求。如果把民族性与各个民族、国家剥离开来能够看到，缺失了民族性的政治信仰犹如空中楼阁，是没有基础的。它的基础性、真实性是令人难以置信的，不免显得空洞、乏味、唯心。在我国马克思主义信仰的丰厚土壤上定会茁壮成长出与其相应的政治信仰，从国家上看这是一种以国家政体思想为转移的政治信仰，从历史的发展来看，每个民族的文化多样性都映射着每个政治信仰的多元性。我国历史的向前发展不断推动着政治信仰的发展，“中国梦”“特色中国”的政治口号，呐喊出了我们每个中国人的心声，也会永远伴随着这个一切为了人民的政体永久屹立。

（4）与时俱进性

一个国家的政权建立后政治信仰随即而产生，在原始社会以及古代奴隶社会等封建制度下，政治信仰孤立无援，大多数的人民群众都在信仰神、佛等虚无体系，在当时科学不发达的情况下，人们对于一些平常的自然现象无法解释时就会用神秘的宗教信仰来归纳这种现象的产生，这就是宗教信仰的最初形式，到了后期各个民族都有了首领，出现了首领权利高于一切的特性，臣服的人民把皇权、王权作为最高的信仰，而通常这种信仰又被冠以神秘的色彩控制着人民群众的思想意识。随着历史的向前发展，反帝、反封建的革命结束了我国上千年的王朝，从此中华人民共和国诞生了，新的政治信仰也应运而生。在共产党的领导下为了实现共产主义而努力奋斗着，这就是我们的政治信仰。由此可见，在不同时期，不同的政治信仰都代表着每一个历史阶段的发展程度，反映着人类历史社会的发展规律，这就是政治信仰的与时俱进性。

（5）排他性

为了巩固一种政权的稳定，政治信仰唯一特性就是要保持自身的独有特点，摒弃其他的政治观念，这就是政治信仰的排他性。在不同的政体之间所衍生的政治理念、政治体制，以及政治信仰之间都会产生出相对激烈的斗争，在任何一个国家，只要形成主导国家政权的政治信仰，就会排斥其他的政治信仰。因此，各个国家的政治信仰是唯一的，这种唯一性代表着整个社会不同阶级层次的政治信仰，它反映着国家的意志，一旦国家的政治意志分离出多个或者不同代表的信仰诉求，那么这个国家将面临分化的问题，政权将会被颠覆，统治阶级也将会沦为社会的基底。但我们仍要通过现象看到本质，尽管每个国家的政治信仰都要求人民群众所信服、所敬仰，也排斥其他的政治信仰，但是各种政治信仰也会有相对融合的过程，因为在种种政治信仰之间并不是相互独立的简单个体，他们之间存在着借鉴与被借鉴的关系。我们的共产主义也是在批判地继承马克思主义独揽众长的结果，这其中包含了诸多的文化因素。因此，政治信仰的排他性虽然吸纳并开放地继承其他政治成果，但是只能在一个国家主流政治的领导下进行一系列的政治变迁。

2. 大学生政治信仰的特点

通过调查分析，我们总结出互联网时代大学生政治信仰的几个主要特征，这些特征基本上反映了互联网时代大学生政治信仰的基本情况，为我们进行互联网时代政治信仰教育打下了理论基础。

（1）模糊性特征

总体上看，大学生政治信仰的主流是积极健康的。相当多的大学生是有政治信仰的，并且其中有大部分大学生信仰马克思主义，这足以说明过半数大学生的政治信仰是积极向上，已经或正在形成和确立马克思主义信仰。同时，在教学和调查中我们了解到，有一部分大学生对马克思主义经典著作和理论非常感兴趣，或者自己阅读学习，或者组成学习小组集体学习，这些行为对形成和确立马克思主义信仰都是极为有利的。

但是，我们在教学实践中也发现，有两成左右的大学生不知道自己有没有信仰，感觉很难回答这个问题，也有一部分大学生干脆就认为自己没有政治信仰。这些情况的出现表明了有些大学生政治信仰是模糊的，并且为数还不少，应该引起我们的重视，特别是在互联网时代下更应该重视起来，因为网络时代信息量非常大，大学生的政治信仰容易受到不良思想的冲击和影响，发生偏向和转向。

（2）复杂性特征

大学生是年轻的一代，大部分是在20岁左右，基本上生活在大学校园之中，与外界社会接触较少，在政治方面几乎没有实际经验可谈，这就导致了他们政治感情十分单纯，不能够理解现实政治的丰富多彩和冰冷残酷，反而对政治充满了幻想和期待。由此，他们在确立自己政治信仰的时候表现出了很大的随意性和复杂性。笔者在教学实践及和学生交流的过程中发现，两成左右的大学生信仰资本主义，一小部分大学生信仰民主社会主义，还有一小部分大学生表示自己的政治信仰不确定，甚至有一些学生根本就不知道自己的政治信仰是什么。凡此种种，都说明了尽管大学生在政治情感上是单纯的，但他们的政治信仰并不单纯，反而是复杂的，在政治信仰上表现为一个既单纯而又复杂的矛盾个体。

（3）社会群体性特征

高校的学习生活如同小型的社会，在这个社会中人与人的交往，师生之间的相互沟通都是一个学习过程。现如今政治信仰教育在各大高校如火如荼地进行着，每一名学生对政治信仰都有着不同的理解，在我国大政方针、政治体系的指导下，大学生也向着我们党奋力实现的目标而奋斗着。随着学生群体大量地涌入社会，我们身边的志愿者、宣传者也越来越多，他们把自身的信仰从学校中带到社会中，又从社会中的不断学习实践中吸取不同阶级的信仰来反馈到学校当中，这相互融合的过程就是社会群体性的制度衍生。

（4）思想开放化特征

政治信仰在传播的过程中要以教育的方式让学生了解其本质，在社会活动的实践中，政治信仰又以制度化的方式来规定个体群众的道德动作。作为大学生本身，其思想程度大多创新开放，对于一般事务与意识形态都有着理性的追求。我国政体明了、制度公开，这对于崇尚自由与和平的大学生有着高度的共鸣，在高校往往政治呼声越高，学生的呼声也就随声而至，这是学生对于政治的理解，对于政治的信服，虽然在他们政治信仰的轨迹上也会出现种种的错误，但思想开放、乐于接受的信仰特征一定会为我国政体推陈出新的篇章。

（5）功利化特征

大学生正值青春年少、激情澎湃的年龄，感性大于理性。在对待政治问题上也是如此，他们只是看到了政治问题的表面现象，并不能用所学的政治理论知识来对政治事件进行科学的分析，进而作出支持或反对的判断。政治态度的感性化，也就导致了他们政治行为的感性化，容易出现一些过激行为，对自身和社会产生了不良后果。

与政治态度感性化直接相关的就是政治信仰的功利化，也就是说这种政治感性使部分大学生没办法从理性角度去分析和判断政治信仰的崇高性，反而将其引向功利主义的方向，最明显的例子就是关于大学生入党问题。有一些大学生入党是为了获取政治资本，也有大学生是为了获得这种荣誉，还有一部分大学生认为是以备不时之需，比如在就业的时候增加筹码、考公务员的时候能够报考等。这些充分说明了大学生政治信仰有功利化倾向，需要给予教育和引领。

（四）当代大学生政治信仰的良好表现

1. 深度认同马克思主义

马克思主义哲学是人类在历史长河中认知世界、改造世界总结出来的继承理论，它既存在批判主义精神，也吸收着事物辩证统一的特性，是关于自然、社会和思维发展一般规律的学说，是科学的世界观与方法论。在大学校园内，我国高校直至现在依然开设着马克思主义基本原理等课程，目的在于让大学生能够通过对马克思主义理论的深入理解，在社会实践中运用理论攻克难关、坚守信念、认知社会、洞悉真理。现如今，我们通过校园调研、社会参与等多种形式获悉当代大学生对于马克思主义信仰的整体认同感还是较为强烈的，大多数同学能够客观地理解辩证唯物主义思想。实际上，中国共产党在坚持马列主义、毛泽东思想、邓小平理论、“三个代表”重要思想，科学发展观、习近平新时代中国特色社会主义思想为指导的同时，国家地位与日飞升，在中国特色社会主义的道路上愈走愈加平坦。祖国的强大与每个人都息息相关，而当代大学生作为民族的希望、祖国的未来则更是要拥护中国共产党的领导，要对共产主义充满绝对的信心与恒心。如今，红色教育在大学校园内宣传得如火如荼，当代大学生在了解我国多年来的宏伟历程后纷纷表示志愿加入中国共产党，并愿意为共产主义事业奋斗终身，他们一如既往地坚定马克思主义，客观地对待理想和追求，将社会主义现代化建设作为自身的使命与终生奋斗的目标。

2. 具备马克思主义信仰理论

储备丰富的马克思主义理论知识是我们青年一代坚定信仰的重要途径，也是日后开展各项工作的基础，若没有相对充实的理论，在思想上就不会有长足的进步，更谈不上为中国特色社会主义作出杰出的贡献。当代大学生要想在发展的大浪潮中乘风破浪，就必须在储备丰富理论知识的同时增强与时俱进的学习意识，把学习当作一种使命、一种素养、一种觉悟、一种生活习惯、一种提高现实工作能力的重要手段。当代大学生普遍是通过学校教育、社会参与、书刊阅读等多方面来学习马克思主义理论知识的，因此储备了较为丰富的马克思主义理论知识，但古语说得好“纸上得来终觉浅，绝知此事要躬行”，只有将丰富的理论知识与有效的社会实践相结合才能发挥出最大的力量，这就意味着青年一代在时间、精力、意志上都面临着艰巨的挑战，来开辟马克思主义中国化特色的发展道路。

3. 对马克思主义实践运用能力较强

近年来我国对于教育及人才培养方面注入了大量的资金，而当代大学生在这一国策的驱动下纷纷投身学海，立志报效国家，在国家大力提出培养创新型人才，全力支持大学生进行社会实践活动的今天，我们有为的青年一代大都能够通过自身扎实的理论来运用于实践。前面提到，当代大学生普遍信仰马克思主义并把其作为自身的信仰，而通过研究表明，大学生思想上高度重视身体力行，对马克思主义实践运用能力较强，具体表现在：第一，在思想上。大学生认为马克思主义理论是人类客观地认识世界、改造世界的根本方法，在理论学习的基础上能够通过生活实例来联系所学理论。第二，在行动上。在大学里培养出来的新型人才，在导师的带领下夜以继日、呕心沥血地搞科研活动，这充分说明，在他们眼中的价值观是马克思主义理论所指导的产物。第三，对待社会问题上。每当社会舆论响起，大学生都是在客观地观察利弊，即使有少数同学置身其中，但并不足以影响其对待问题的主流看法，这些都表明在科学理论的指导下，多数大学生依托客观事实运用实践的能力非同一般。

（五）当代大学生政治信仰教育存在的问题

互联网与大学生政治信仰教育结合是当前高校思政教育发展的主要趋势。而互联网政治信仰教育条件有限。相较于传统教育手段，“互联网＋教育”对教育条件要求较高，具体可以从以下两大方面进行分析。第一，硬件。需要高等院校采办互联网教学所需设备，如电子交互白板、幻灯机、液晶电视等，同时需学校组建“互联网＋政治信仰教育”资源池，囊括与之相关的网络教育资源，保障政治信仰教育目标得以有效落实。第二，软件。思想政治教师需不断学习新技术，掌握教学软件应用方法，可以依据政治信仰教育需求整合教育资源，同时学校需营建良好的“互联网＋教育”氛围，鼓励教师应用互联网技术及相关资源。

然而，当前互联网政治信仰教育条件有限，未能点燃教师教育创新热情，影响“互联网＋”环境下大学生政治信仰教育成效。

互联网政治信仰教育方法有待优化。当前高等院校仍存在注重专业教育、忽视思政教育的现象，教师未能立足“互联网+”环境积极创新教学方法，仍沿用“填鸭式”、机械灌输式等教学方法，无法引导学生自主学习，政治信仰教育内容呈单向输出状态，学生无法充分理解政治信仰对自身发展的积极意义，降低大学生政治信仰教育质量。

互联网政治信仰教育理念相对滞后。只有教师掌握引导学生自主学习的方法，才能真正将学生的主观意识与思政知识交织在一起，达到提高学生政治素养的教育目的，然而当前少部分大学生丧失政治信仰学习兴趣，无法积极参与到政治信仰教育活动中，无法与教师携手搭建高效政治信仰教育平台，阻滞相关教育目标有效落实。

当代大学生是社会中的特殊群体，他们追求个性，对人生观、价值观、世界观有着自己独特的见解与看法；他们提倡潮流，对生活中的许多现状充满了好奇与期待；他们活力四射，对周边的大多事物都强烈地关注，而作为社会未来的精英和中坚力量，他们不仅拥有着较高的文化水平，还具有时代的创新精神，以及超出社会一般群体组织的视野与层次建树。现如今，当代大学生无论对周边事物，还是对我国的政策方针、时事新闻，都有着积极参与的强烈意识，这源于大学生群体的思想建设，而恰恰是这种有高度、有能量、有责任的思想主流主导着大学生向善、向美、坚定信念、正视人生。因此，大学生的正向引导与向上发展深深关系着祖国的希望、民族的未来。在贸易自由化、生产国际化、金融全球化、文化多元化的今天，当代大学生在努力学习科学文化知识的同时更应注重自身政治信仰的比重。但是辩证唯物主义告诉我们，事物的发展都是有着两重性的，近年来随着我国经济的迅猛发展，各国文化的相互交融，外界丑恶势力的渗透干扰，在很大程度上动摇了部分大学生的“三观”与政治信仰度，在这不稳定因素的强烈冲击下，他们被蒙蔽了双眼、蛊惑了身心、混淆了视听、腐败了思想，针对这一部分特殊群体的共有特点，潜心研究当代大学生的政治信仰问题是极其必要的。

二、当前高校思想政治教育取得的成绩

思政教育就是为了实现对受教者进行有效教育而采用的一系列相关方法和手段。当前我国大学生思政教育所采用的系统方法是经过了长期教学实践和历史过程的检验所总结和提炼出来的宝贵经验财富和有效教学手段。这些科学系统的教

学方法在我国高校思政教学过程中发挥了非常重要的作用，并且也相应地取得了突出的成绩和丰硕的成果，培养出一批批具有良好思想品质的优秀大学生，这将对他们在未来人生道路上的成长和发展起到有益的作用。

（一）引导大学生形成正确的“三观”

大学校园是肩负着为党和国家培养优秀大学生成长成才的重要前沿阵地，大学校园所蕴含的整体文化氛围、精神价值传承都无时无刻不在向大学生传递着正确的人生价值观念。大学期间是大学生“三观”进行塑造和形成的关键时期，在其价值观形成的最初阶段，思政教育进行全面而广泛的宣传教育，并以引导大学生了解和学习有关理论知识为主要的方法和途径，这样就可以使大学生对“三观”有一个正确的认识和了解，所学习到的理论知识能够在他们的日常生活中有着初步的体现。因此，在这个阶段，思政教育更多的是发挥熏陶和正确引导的作用。

大学生正确“三观”塑造和形成时期，思政教育以课堂理论知识教育的方式作为开始阶段的主导方法，不断给大学生灌输主流核心价值观点，使他们能够具备辨别是非对错的认知能力和理论水平。下一阶段则是通过具体而又生动的实践教学方法对大学生进行“三观”的教育指导及正向强化，使大学生真正处于实践环节之中去理解和体会所学知识蕴含的丰富内涵，在这个过程中同学之间不仅会有相互间的配合协作，也会不可避免地出现一定程度的分歧和摩擦，这些都是实践教学所特有的锻炼价值，从中他们可以重新审视自我并找到自我的价值，在整体的活动中领悟人生的意义和真谛。这样的实践教育活动可以在很大程度上帮助大学生在实际的生活中树立正确的“三观”，在学习生活中深刻践行正确“三观”的理论指导，并将其深度内化为自我在学习生活中的自觉要求和不懈追求。因此这个阶段的思政教育更多的是发挥教育和引导的作用。通过这两个不同阶段的分工协作和紧密衔接，为大学生在大学期间能够很好地树立起正确的人生观、世界观和价值观提供了强有力的保障。回顾多年以来我国高校现实的思政教育情况，可以清晰地看出已经取得了良好的效果和突出的成绩，一批批品质优秀、“三观”正确的大学生走进社会，进入各自的工作岗位并正在为我国的建设和发展做出贡献。

（二）为大学生参与社会实践提供理论指导

现阶段我国高校思政教育所使用的基本方法包含了关于认识的方法、关于实施的方法、一般方法、特殊方法、综合方法及调节评估等一系列针对多种不同类型及角度的问题所提出来的系统方法，不仅可以在学习上对广大学生进行相应的指导，还可以在社会实践上提供相应的帮助和导向作用。它之所以能够有效地指导广大学生进行一系列的社会实践活动，是因为它所使用的方法是对客观规律的正确而又深刻的认识和总结，是经过了长期实践检验，是公认的具有科学性和普遍适用性的方法。因此，当使用这些方法时，可以很好地帮助大学生有效地解决他们在实践过程中所遇到的不同困难和问题。

每一种科学的方法都有它自己所擅长的应用领域，例如，在关于认识的方法中常使用的社会调查法：社会调查法简单地说就是了解情况、认识社会、解决问题的方法。毛泽东曾经这样评述过这种方法："调查就像'十月怀胎'，解决问题就像'一朝分娩'，调查就是解决问题。"[①] 大学生在社会实践过程中，往往会面对非常复杂的社会实践环境及纷繁离散的庞大数据信息，这些复杂的情况都会给做出正确的判断和决定带来很多的误导和干扰。若想要获得有效的数据信息进而做出正确的判断并解决问题，那么科学系统的社会调查法就是解决此类问题的有效方法和手段。这种方法可以帮助大学生科学系统地获取庞大的数量信息资料，与此同时，通过运用数学、统计学等其他相关学科的技术和手段对获取的信息资料展开深入而全方位的分析。通过系统分析之后获取出需要分析调查的目标的变化规律和变化趋势，这样便有利于从多个角度和多个层面观察事物和考虑问题，做到对这些问题和困难有一个深入的了解，从而有针对性地对发现问题的关键及解决方案进行积极的尝试，最终实现问题的有效解决。所以这需要广大学生根据不同的情形和条件，采用不同的方法来解决问题。

（三）推进思想政治教育根本目标的实现

思想政治教育的目的是：通过思想政治教育教学活动，对学生的思想和行为方面产生一定的影响，达到教育者的期望。它能够直接明确地对思政教育的本质进行反映，为其发展指明方向，同时对相应的载体和教育方法都产生相当重要的影响，也是其各项活动和内容进行展开的最为基本的依据。各国国情和社会制度存在着不同程度的差异，所以各国之间的教育目的也都是不尽相同的，而我国思政教育的方向和前途是远大的共产主义，所以思想政治教育的根本目标就是：促进个体思想觉悟和道德品质的提升，引导个体实现自由发展和全方位发展，鼓励个体以建设中国特色社会主义为最高理想，并且能够为实现共产主义而努力学习和奋斗，积极贡献自己的力量。

---

① 毛泽东. 毛泽东选集（第一卷）[M]. 北京：人民出版社，1991.

而思政教育方法可以推进思想政治教育根本目的的有效实现。通过对根本目的的全面学习和深入理解，可以看出这其中包含了两个方面的内容：首先，需要将广大人民群众的思想道德水平进行充分而有效的提升，这个方面的内容属于人的精神层面的要求和实践，表现在良好的工作进取心、富有社会责任感等多个方面。只有具备了这些优良的思想道德品质，人们才能够以更好的精神面貌、更加自觉地在我国的发展建设中积极努力，在充分发挥自身才能的情况下做出更加突出的贡献。长期以来，我国思政教育通过多种有效方法和途径不断教育和强化大学生的思想道德品质建设，将这些优良品质内化于心，经过几十年的努力极大促进了国民整体思想素养的提升。其次，要实现人的自由全面发展，这个要求是由我国国情和社会性质所决定的，任何一个国家和社会的发展和进步在很大程度上取决于广大劳动者的能力和贡献，只有实现了每一个人的自由全面发展，才能使整个使国家更好发展。而思政教育长久以来的关注点就在于此，并且其根本目标就是“立德树人”，将每一名大学生培养成全面而自由发展的人，实现每一个个体的更好发展。由此可以看出思政教育有效推进了其根本目标的有效实现。

三、当前高校思想政治教学存在的问题

（一）从高校角度分析

1. 实践教学形式化

事实上，我国大部分高等院校并没有给予思想政治实践教学足够的关注，没有根据课程特点和当代大学生的实际诉求来进行科学合理的教学规划，没有设计具体翔实的教学大纲，也没有能够开展实践教育的空间和场所，以上种种原因导致高校思想政治实践教学难以有效落实和完成。很多学生由于各种条件的限制，更侧重于思想政治理论教学，理论教学当然也是十分重要的，但实践出真知，任何知识和道理必须经过实践才能被学生真正吸收和利用，才能让学生产生心灵的触动，进而对学生的思想和行为产生影响。并且引导学生将理论付诸实践，也是高校思想政治教育的主要目标。所以，高校思想政治实践教育形式化，没有得到足够的关注和合理的安排，是阻碍思政课程实现育人价值的主要问题之一。

2. 教育机制不健全

在思想政治教育的实践过程中，要想思想政治教育工作顺利地开展并且保持生机与活力，一套健全的教育机制是很有必要的。随着全球化经济发展，思想政

治教育在各方面也受到了很大的影响，所以我们当前最需要做的事情就是尽可能地保护思想政治教育的生命力，并通过各种行之有效的方法提升高校思想政治教育的实效性。

因此，思政教育者要对我国优秀的传统进行继承，还要对思想政治教育机制进行必要的创新和改进。目前，我国高校思想政治教育机制在很多方面仍然存在不足。

首先，思想政治教育体系的不平衡。不同的地区、不同的部门、不同的时代、不同的社会呈现出不同的强度变化，发展水平参差不齐，造成整个思想政治教育制度建设发展不平衡。

其次，思想政治教育制度建设比较落后。为了保证思想政治教育的实效性，思想政治教育制度应该具有风险保障功能，但是随着世界经济文化的发展，当前的思想政治教育工作很难展开，在教育效果上难见成效，很多制度已经适应不了当前的形势。

最后，思想政治教育制度建设形式化。思想政治教育制度在建立和落实这两个方面没有协调好，从当前情况看，很多高校的思想政治教育制度的建设只是停留在表面上，只是为了应付上级检查的一种手段。虽然高校的制度在内容上很详细，考虑得也比较周到，但是在实际中却很难落实，难以适应形势的发展。

3. 理论与实践未能有效结合

在社会实践中，任何理论得到充分运用都必须做到主客观相一致原则。我国高校思想政治教学理论要想真正发挥其育人功能，也必须满足这个要求。曾经我国高校思想政治教育为社会的进步创下了卓越的功绩。在现阶段，全球化进程不断加快，人们的各种需求也随之发生变化，在此背景下，将思想政治教育的理论和实践有机结合起来，以推动社会健康发展，保证人的精神和物质需求得到满足，是高校教育发展过程中必须重视的问题。

目前来看，在思想政治实践过程中，有一部分教学内容已经与社会脱节，跟不上时代的发展变化，不能满足学生真正的学习和成长需求。而且很多思政教育工作者安于现状，缺乏学习和进修的动力，违背了学生发展的客观规律，导致教学实效性降低，甚至会引发学生的逆反心理。在当前的大学，如何生产足够的公信力，提高大学生的识别能力，有效地促进社会的进步至关重要。

很久之前，思想政治就已经作为一门独立的学科而存在于高等院校课程体系之中，是高校育人的重要媒介，学科的独立性对于学科的建设和发展大有裨益，一方面使得思想政治教育趋向专业化，另一方面提升了思想政治教育的科学性。

作为思想政治教育者，我们必须知道思想政治和其他学科存在很大的差别。从教育目的来看，思想政治不仅仅是把一些基础的知识、理论灌输给学生，更本质的目标是对学生进行价值观的引领，通过科学有效的手段，影响学生的思想和行为，引导学生树立正确的思想观念，提升其道德修养。从教育内容来看，思想政治课程具有较强的生活性，它的内容和学生的生活存在紧密的联系，并且思想政治一旦与社会或者生活脱轨，也无法达到预期的教学目标。对于其他学科来说，学生可以在脱离生活实际的情况下，掌握该学科的知识和技能，但对于思想政治课程来说，学生却不可能在脱离生活实际的情况下来掌握思想政治的基本理念，来形成相应的道德品质。所以说，如果在思想政治教学中，教师仅仅关注理论知识的传授，忽略了学生之间的互动，忽略了实践活动的开展，那么就会使思想政治教育与预期的规划背道而驰，且这种流于形式的教育违背了思想政治课程设置的初衷，也对大学生的身心发展造成负面的影响。

（二）从教师角度分析

1. 教师业务素养有待提升

在新时期，思想政治教师面临着多重挑战，他们的主导作用相对弱化。互联网的迅猛发展是现代社会最显著的特点，而互联网的到来给信息的传播提供了多种渠道，所以学生获取知识的方法更加多元化，不必像过去一样完全依赖教师和课本。在这种情况下，过去的师生信息不对等的问题逐渐消失，学生获取知识的速度和数量都明显提升。同时，东西方文化不断进行交融和碰撞，而网络则为外国文化的流入拓展了渠道，大学生难免受到这些文化的影响，进而导致思想政治教师的经验优势和权威优势弱化。另外，网络教学是互联网背景下传统教育发展的必然趋势，而网络教学的特性提升了学生的平等意识和参与意识，传统课堂教学中的灌输式、“填鸭式”教学方法逐渐落于窠臼，不能再被课堂所使用，这给教师的教学策略提出了新要求。总而言之，新时期各种新媒介的发展，改变了大学生的认知特点，也改变了思想政治的教学形式，在这样的背景下，思想政治教育业务素养凸显出不足，其教学理念、教学能力亟须得到改进和提升。

2. 教师授课方式较为单一

现代高校思想政治教育中因为学生已经成为学习的主体，教师只起到指导作用，所以教师的教学水平对于思想政治教学质量有着巨大的影响。但是目前高校的思想政治教育中仍存在教师授课方式单一、课堂较为枯燥的现象，具体表现为以下三点。

（1）传统教学难以营造良好的课堂氛围

在传统教学中，主要的教学方式是以教师为主体，单方面向学生传授理论知识，学生处于被动地位，另外由于思想政治理论课内容较为枯燥，导致整个课堂氛围不够活跃。

（2）师生互动难以有效进行

根据大量的调查研究发现，很多学生在课堂中都是被动地参与到课题讨论之中，并且没有多少学生能够进行课前预习，对于课程中的一些案例也难以理解，课后教师所布置的作业也会草草了事。这些情况导致课堂教学中经常出现教师独自一人享受课堂的问题。

（3）教学内容局限性

基于新时期的教学理念，在高校政治思想教育课堂中需要采取趣味性教学，利用相关的真实案例来吸引学生的注意力，以保证其能够充分地掌握理论知识。但是在实践中很多教师仍然以教学内容为主，对于课外案例并不能有效融入。

（三）从学生角度分析

1. 学生学习兴趣不足

学生的学习态度会直接影响学生在思想政治课堂中的投入程度和学习效率。并且大部分学生对于思想政治课程学习的兴趣不高，主要表现为以下三点。

（1）大班授课机制

目前，高校的思想政治教学都采取大班授课的模式，一名教师要面对一百多名学生，这样导致教师在实际教学中难以照顾到每一名学生，使学生产生懈怠的行为、懒散的情绪，在学习中缺少一定的主动性。

（2）理论知识兴趣不高

一般的思想政治教学内容理论性较强，并且在枯燥的课堂教学中学生难以提升自身的注意力，久而久之对理论知识就缺少的一定的兴趣。

（3）学生对思想政治教学缺乏重视

很多学生认为这堂课程的教学内容难以帮助自身，甚至认为其对于自身发展根本无用，因此学生渐渐降低对该课程的重视。

2. 学生考评机制存在缺陷

目前，对于高校思想政治教学考评也只是在期末考试中体现，大多都采用半开卷的模式，难以真实了解学生的学习状况，其主要存在以下三种问题。

（1）考评机制无法做到查漏补缺

在高校考评之后学生很少会去找到自身的不足之处，使整体的教学质量难以提升。

（2）改革效果不够明显

有些教师尝试利用网络平台在学生的课外时间进行辅导教学，但是这种考核力度不强导致所产生的教学效果并不明显。

（3）上机考核难以真实反馈学生成绩

在期末考试中，上机考试成绩基本占总体成绩的一半，并且以选择判断为主，难以使学生真正掌握其中知识的内涵。

3. 学生政治信仰模糊

95 后、00 后是当前大学生群体的主要组成部分，这个年龄段学生的思想和行为特点受到经济市场化的影响。在生活条件越来越优越，以及价值多元化、信息网络化的社会发展进程中，大学生的政治信仰变得模糊，他们对于力量信念的概念也是模糊不清的。

具体来说，部分大学生在社会价值功利化的影响下将理想信念和主流政治信仰进行工具化了，他们主要是为了工作的利益和政治资本去追逐信仰和理想信念，而不是为了满足精神上的需求和追求高尚的理想信念。

四、互联网时代高校思想政治教学改革的反思

随着互联网信息技术在高校思想政治课程教学中的作用日益突出，推动高校思想政治课程教学改革已成为重中之重。要做好高校思想政治课程教学改革需要学校、教师及社会各方的支持。通过对一些高校思想政治课程线上教学的经验和不足进行分析总结，本书对“互联网 +”时代背景下高校思想政治课程教学改革提出几点建设性意见。

（一）改善思政教学条件，加强教师素质培养

完善配套的软硬件设施是办好高校思想政治课程的基础。通过对线上思想政治课程教学经验及问题的分析总结，我们深刻认识到高校思想政治课程教学改革必须要以互联网信息技术为依托，逐步改善思想政治课程教学条件，配齐新媒体等硬件设施，使之与线上教学相适应，实现“互联网 +”与思想政治课程教育的完美结合。

同时，高校在保证思想政治教师数量的基础上更要保证教学质量，争取建立

具有较高素质的思想政治教育团队。高校应加强新入职思想政治教师的岗前培训工作，邀请富有经验的优秀教师对新入职思想政治教师的课堂授课进行点评与指导，并进行相应的教学经验交流与沟通，提高思想政治教师的专业素养。除此之外，高校应定期开展教师技能培训，包括邀请专业技术人员围绕互联网信息技术，对超星学习通、云班课、智慧树等各种线上教学平台的使用与操作进行相关培训。同时为增加课堂的生动性与趣味性，也应增加优质课件制作以及线上资源有效整合等相关培训，使青年教师和资深教师都能够紧跟时代发展变化，不断提高自身专业素养。

（二）更新思政教育理念，革新思政教学模式

在传统的思想政治课程教学中，往往存在着教师单向知识输出的现象，课堂上教师与学生的互动性不强，没有形成良好的互动。当今社会，随着互联网信息技术的应用与发展，学生每天都会通过各种 App 获取大量的信息，他们思维活跃，对事物有自己不同的认识和见解，他们不再满足于课堂上教师单纯的理论灌输，更倾向于与教师进行深层次的交流互动。因此，要上好一堂思想政治课，高等院校思想政治教师必须要改变传统的“满堂灌”的教学理念，转变传统的教学模式。

首先，高校思想政治教师在课前要做好充足的准备。第一要做到的就是读懂教材，在深度剖析并且透彻理解教材的基础上，以课程内容为核心，渗透社会热点话题，做好教学设计，并及时通过线上教学平台以投票、话题讨论的方式给学生布置相应的课前预习内容。其次，在课堂讲授过程中，思想政治教师要认清自己在此环节扮演的角色，也就是要以学生为中心，在教学活动中可以引导学生但不要完全主导、控制学生。在课前讨论环节，教师可以运用有效的手段引导学生参与课堂活动，激励学生大胆表达自己的想法和观念，促进师生互动。同时，教师还要熟悉了解学生热心关切的问题，结合他们的身心发展实际，给予学生正确的价值观引导。最后，高等院校思想政治教师要改变传统的考核标准。传统的思想政治课程教学往往是以课程期末成绩来作为学生的考核标准，“唯分数论”的评价标准不足以反映学生的真实情况。将新媒体技术融入思想政治课程教学中，弥补了传统思想政治课程评价的弊端，不论是在课前、课中还是课后，教师借助新媒体技术发布教学任务、课堂讨论及课后测试，都能够实时有效地监测学生参与课堂讨论、学习进度及课后测试完成情况等，将这些纳入学生考核的评价体系当中，会更加全面科学地反映学生的综合素质和知识运用能力。

（三）凸显思政课程特色，坚持正确价值引领

当今社会，各种思想观念涌入青少年的头脑中，网络信息鱼龙混杂，因此高等院校思想政治教师要帮助学生明辨是非，自觉抵制错误思潮的侵蚀。在新时代背景下，思想政治课程是落实立德树人根本任务的关键课程。“青年兴则国兴，青年强则国强”，高等院校思想政治教师承担着培育时代新人的重要责任，必须要积极引导学生，树立正确的世界观、人生观和价值观。在社会生活中，在各行各业中都出现许多让我们为之震撼的感人事迹，这给思想政治课教学带来了许多优秀的素材，因此在思想政治课程教学中应该紧密联系社会生活，把社会生活中的先进人物、感人事迹融入思想政治课程教学过程中，引导学生去思考人生的价值、生命的意义，学生通过结合亲身实践去思考自己的责任与担当，从课堂走向生活、走向社会。

思想政治课程线上教学改变了传统的教学模式，更新了教师的教育理念，提高了思想政治课程教学效果，是思想政治课程教学的一次进步。但给我们带来机遇的同时，也给我们带来了一些挑战。“互联网+”时代，我们必须要树立创新思维，积极探索思想政治课程教学的新模式，融合互联网信息技术，积极推动高校思想政治课程教学改革，不断提升思想政治课程教学水平和教学质量，更好地发挥立德树人的重要作用。

第二节 高校思想政治教育的内涵

一、高校思想政治教育的概念

思想政治教育是指在阶级产生以来的一切社会中，一定阶级、政党、组织用自己的思想意识或思想理论影响和教育人的社会实践活动，是指以对社会或社会群体中的成员施加具有组织、目标和规划的影响为目的，以其自身的理想信仰和价值观念为基础来进行的潜移默化的教育活动、并促使群体中的成员主动接受这种影响，进而促进形成符合社会和阶级需要的思想品德的实践活动。随着时代变化，研究者对思政教育的认识逐渐提高，并将其界定为以下三种类型：一是“施加论”。思想政治教育的含义即教育主体期待教育客体形成良好的道德品质和行为习惯，从而在教育客体身体上和心理上所进行的一种目的明确系统全面的感化教育。二是“培养论”。思想政治教育是对一定社会群体的新人所开展的培养构

建优秀思想道德和积极价值理念的社会实践活动。三是“内化论”。教育者借助具体的实践活动，依据具体的教育需要，将社会的价值规范和道德规定重构并成为教育客体自身的价值理念的思想道德运动发展的过程。这些界定方式，无论是哪一种，最终都是为满足人和社会的发展需要服务的。故思想政治教育是教育主体和教育客体按照所处社会的要求和自身的规范，以积极的政治理论、思想道德和价值观念为指引，在适应与促进社会发展的过程中不断提高自身素质和促进全面发展的过程。

高校思想政治教育则是高校教育体系针对大学生群体，依据未来社会发展需要和大学生身心健康发展的要求，通过各种形式、采取多种方式帮助其参与到符合现代社会要求的思想政治实践活动中。现在，高校对大学生思想政治教育极为重视，不仅出台了相关政策文件，还落实到日常的细节工作中。当代大学生是国家的希望、民族的未来，因此国家必须紧抓大学生的思政教育，投入更多精力进行思政教育的研究。思政教育包括思想和政治两方面内容，要做好这项工作，必须从思想和政治建设领域同时入手，充分准备，提高重视，双管齐下。

大学生作为特色社会主义现代化的重要建设者，是国家思想政治教育的重点培养对象，围绕大学生来进行思想政治教育是高等教育工作的首要任务。大学生思想政治教育的目标是以社会要求为基础，引导大学生树立崇高的理想信念，形成积极向上的精神面貌，培育良好素质，深化法治意识，使其养成自我教育的习惯，将大学生塑造成全方面、多层次、综合发展的符合新时代要求的社会主义建设者和接班人。由此，教师必须遵循学生思想行为的发展规律，扎根到学生中去，了解学生的个性化思维，如此方可使思想政治教育工作顺利、有序地开展。

二、高校思想政治课程的内容与地位

（一）思想政治课程的内容

思想政治课程是高等教育对学生进行马克思主义理论教育与传播的首要的、最核心的途径，肩负着不可替代的使命与光荣的职责。根据《新时代高校思想政治理论课教学工作基本要求》，将思想政治课程的安排划分为四个等级，以本科学生思想政治课程为基础，确定专科层次、硕士研究生、博士研究生的思想政治课程设置，并进一步要求各高校严格落实学分与实践课教学。专业课程开设思想政治相关课程时，可与专业课程整合。对不同层次学生开设内容大体相同而又体现不同层次特性的思想政治理论课程，一方面体现了思想政治教育的统一性，另一方面体现了思想政治教育的针对性，体现了教学内容的梯度性。

对于本科生而言，思想政治课程主要包括“思想道德与法治”“毛泽东思想和中国特色社会主义理论体系概论”“形势与政策”“马克思主义基本原理概论”“中国近现代史纲要”五门课，专科生则只学习本科生的前三门课程。硕士研究生需将“新时代中国特色社会主义理论与实践”作为必修课程，除此以外，每位学生必须在“自然辩证法概论”“马克思主义与社会科学方法论”两门课中任选其一选修一门。博士研究生需学习“中国马克思主义与当代”。除此之外，鼓励各高校结合本校实际开展校本思想政治理论选修课，为广大学生树立共产主义远大理想和中国特色社会主义共同理想提供更多的平台。这些课程虽然侧重点不同，但是都坚持以马克思主义理论为指导，都是马克思主义中国化的产物。

思想政治课程是高校意识形态教育的主渠道，其课程内容必须符合社会主义大学的本质要求，必须体现党的理论力量与社会主义意识形态的力量。中共中央、国务院印发的《关于进一步加强和改进大学生思想政治教育的意见》明确指出，思想政治课程坚持以理想信念教育为核心、爱国主义教育为重点、基本道德规范为基础，深入进行公民道德教育、民族精神教育与“三观”教育，这就为思想政治课程提供了教学内容方面的指导，为有序开展思想政治课程提供了参考。

（二）思想政治课程的地位

中央宣传部、教育部印发的《普通高校思想政治理论课建设体系创新计划》指出：“巩固马克思主义理论在高校意识形态领域中的指导地位，必须依靠思想政治理论课”。作为立德树人的关键课程，思想政治课程是践行社会主义核心价值观教育的核心课程，是帮助大学生树立正确“三观”的主干课程。只有办好思想政治课程，才能确保中国特色社会主义事业拥有更加可靠的建设者和接班人，才能尽快实现中华民族伟大复兴的中国梦。

高校思想政治课程，不单单是一门普及马克思主义理论——科学的世界观与方法论的课程，它通过讲述中国人民在抵御外来侵略过程中自觉选择马克思主义、选择中国共产党的领导、选择社会主义道路，通过讲述中国共产党将马克思主义理论与中国实际相结合，最终走上中国特色社会主义道路，通过对大学生进行思想道德教育与法律教育，给大学生传递社会主义意识形态。通过思想政治课程教学，能够帮助大学生树立起科学合理的“三观”，也能够帮助大学生树立起最科学的思想体系。

当代大学生作为新时代的新青年，是中国特色社会主义建设的中坚力量。然而他们正处于生理、心理急剧变化的年龄，在走向成熟却又未完全成熟，可塑性较强，必须通过行之有效的思想政治教育对其加以正确引导。思想政治课程是一门塑造学生灵魂的核心课程，是实现我国高等教育科学发展的灵魂课程。正如《新时代高校思想政治理论课教学工作基本要求》所指出的，“高校思想政治理论课要对学生进行系统的、完整的马克思主义基本理论教育，要有效巩固马克思主义在高校乃至社会中意识形态领域的指导地位，有效提升大学生思想道德品质与政治理论素养”。

三、高校思想政治教学的特点

（一）开放性

高校思政教学呈现出显著的开放性特点，具体体现在以下几方面。

第一，高校普遍重视构建具有较强开放性的教学团队实施思政教学，该教学团队对成员身份的限制性条件相对较少，甚至思政水平较高的学生也可以加入该团队参与思政教学。在教学过程中，教学团队的成员之间可以实现自由化程度极高的教学交流。

第二，高校普遍采用多样化的自由教学方式开展思政教学，为师生对思政教学内容的讨论探究提供了良好的条件。

第三，高校普遍具备开放性较强的思政教学内容，涉及“三观”教育、政治理论教育及相关人文类学科教育。

（二）过程性

高校思政教学呈现出显著的过程性特点，高校思政教学任务的完成并非一日之功，它需要学校、教师和学生长久的努力。在思政教学过程中，高校要强调学生进行自主探究式学习，并制订思政教学进度计划供学生参考，让其制订自身的思政学习规划。另外，高校思政教学过程要注重培养学生的独立思考能力和创新思维能力，不仅要让学生深入理解和熟练掌握思政相关知识，还要增强学生的综合素质。

（三）实践性

高校思政教学呈现出显著的实践性特点。高校思政教学的实践本质特征要求在教学过程中，强调学生的主体地位，并以学生的学习活动为依据，构建系统科学的思政教学形式，鼓励学生积极参与思政教学全过程，引导学生对思政教学内容进行主动深入的思考探究，以实现学生对思政教学相关理论知识的深入掌握，有效增强学生的综合素质，并在此基础上强化思政理论知识教学与社会实践的有效结合，加强高校思政教学课堂与社会的紧密联系，培养学生的实践意识，培养学生立足于社会实践对思政问题进行思考，运用思政理论对社会实践问题进行深刻分析，增强解决各类问题的实践能力。

第三节　高校思想政治教育的原则

一、以人为本原则

现阶段，我国倡导以人为本的科学发展观。基于此，高校思政教育工作者同样应当遵循以人为本的原则去开展思政教育工作。而在思政教育过程中，对于以人为本原则的遵循，即等同于充分尊重学生人格，对教师与学生相互间平等原则的遵循。

二、层次性原则

人们所处生长环境、思想观念、受教育水平等的不同，使得人们在看待一个问题时往往会产生出多种不同的结果。因此，在高校思政教育中，教师应当遵循层次性和针对性原则，结合大学生实际情况，做到因材施教，向学生传授能够被他们有效吸收内化的知识内容。与此同时，一些大学生初入校园面对生活、学习环境的转变会出现很多问题，在这个过程中，教师应当注重给予学生有效的教育辅导，帮助学生排忧解难。

三、导向性原则

高校思政教育旨在帮助大学生提高包括思想道德素质、身心素质、科学文化素质等在内的各方面素质，以此推动大学生的全面发展，为社会主义事业培养合格的建设者和接班人。因此，高校思政教育应当遵循目的性和导向性原则，及时掌握大学生思想动态，帮助大学生树立积极向上的思想道德观念，进一步为大学生健康成长奠定坚实基础。

四、社会性原则

在高校思政教育中，仅仅凭借学校的力量是远远不够的，还应当引入家庭、社会等各方力量，通过各方的协调配合，以此为大学生健康成长提供有力保障。在实际高校思政教育中，应当遵循社会性和广泛性原则，帮助大学生树立正确的价值观念，推进思政教育与专业教育的高度融合，积极组织各式各样的实践活动，以此不断促进大学生各项素质的全面发展。

五、激励性和示范性原则

在高校思政教育中，教师还应当遵循激励性和示范性原则，通过引入优良事迹来启发、感染大学生，以他人见义勇为、无私无畏的事迹来激励大学生，进而在潜移默化中促进大学生身心的健康发展。同时，高校还应当加大师资队伍建设力度，培养一批综合素质高的教师，确保教师可发挥自身榜样模范作用，以自身的言行举止来影响学生，激励学生。

第四节　高校思想政治教育的理念

《高校思想政治理论课程建设研究》[①] 结合时代特色，通过对高校思政理论课程的中心定位，从高校思政理论课教学的本质规定、基本原则的创新性发展等一系列方面，对我国高校思想政治理论课实践提出了新的理念。

一、理论衔接实践

实践教学和理论教学是思想政治课程教学的两个基本环节。马克思主义哲学认为，了解客观世界的规律性因而能够解释世界，这并不是十分重要的问题，重要的是利用对客观规律性的认识去改造世界，这体现了实践的重要性。

理论指导实践，实践验证理论，这是任何学科中理论与实践的关系特性。仅仅掌握理论，只能是“纸上谈兵”，理论知识不能产生任何实际有效的作用；但仅仅关注实践也是不可取的，没有理论指导的实践活动缺乏科学性，自然也不能

① 顾海良．高校思想政治理论课程建设研究 [M]．北京：经济科学出版社，2009.

发挥任何作用。况且思想政治课程最大的特殊性在于，它的目的并不是要学生掌握某些知识和技能，而是对学生进行思想上的引导和塑造，并让这种教育效果作用到学生的实际行为中，这再一次体现了实践教学在思想政治教育中的重要性。

所以，高校思想政治教育的主要理念之一就是理论衔接实践，思想政治教师必须加强理论知识的教学，并引导学生将理论进行内化，并通过有效的实践教学活动，让学生将理论付诸实践，从而让学生真正理解、接受思想政治课程所传达的社会主义核心价值观，从而实现对学生人生观、价值观和世界观的塑造。

二、坚持生态思维

生态思维理念是一种新型思维模式，具有显著的互利性特征。生态思维，注重生态系统中各因子的联系性和相互作用，对于生态学和社会学领域均具有较强的指导意义。高校思政教学要充分运用生态思维理念，以有效改善思政教学效果。基于生态思维理念开展思政教学，要将思政教学视为具有社会学意义的生态环境，而不是将之视为自然意义上的生态环境。高校思政教学生态环境涵盖社会经济、文化的诸多领域，在社会总体生态环境中占据着至关重要的地位，同时对社会经济文化等各领域具有重要影响。将现代社会视为一个复杂庞大的生态系统，该系统包含的诸多因子相互之间存在极强的关联性，该系统涉及的各个环节均对生态因子的关系具有重要影响。因此，基于生态思维理念的高校思政教学，要高度重视社会生态系统事物间存在的平衡性和系统性。

在现代社会这一生态系统中，高校思政教学是高校教学工作的重要组成部分，基于生态思维理念开展高校思政教学，对于改善高校思政教学效果、提高高校思政教学水平具有至关重要的意义。同时，基于生态思维理念开展高校思政教学，对于推动高校现代化建设，推动社会经济文化的现代化发展具有至关重要的作用。另外，基于生态思维理念开展高校思政教学，能显著优化学生的思维理念，增强学生的创新思维能力，增强学生的综合素质。从微观角度来看，基于生态思维理念开展高校思政教育，要明确认识到高校思政教学构成的小生态环境。高校思政教学的小生态环境涉及诸多因素，如教学环境、师资力量、教学方式等，这些因素的相互作用对于高校思政教学效果和教学质量具有至关重要的影响，因此要加强对各因素的合理协调，对影响高校思政教学的各项因素进行优化整合，并构建相应的教学生态环境，实现对高校思政教学资源的优化整合，实现对高校思政教学效果的显著改善。

第二章 “互联网 +” 教育概述

本章对“互联网 +”教育进行概述，分别介绍“互联网 +”教育的概念和特征；“互联网 +”教育的起源、发展和意义；“互联网 +”教育的特征和落实方法，以为接下来探讨“互联网 + 高校思想政治教育”奠定理论基础。

第一节 “互联网 +”的概念和特征

一、“互联网 +”的概念

21 世纪我们已经走进互联网时代，在信息技术的支持下，人们的眼界被打开，很多工作被计算机所取代，效率大大提升，在此背景下，很多传统行业纷纷尝试与互联网相结合，都取得了不错的成果，于是，“互联网 +”的概念由此诞生。

所谓“互联网 +”，就是“互联网 + 各个传统行业”，但这并不是简单地将某传统行业与互联网相加，而是指利用互联网背景下的各种技术和资源，比如通信技术、互联网平台和各种新媒介等，让互联网和传统行业进行深层次的融合，让传统行业以互联网为跳板，得到更高的飞跃、更好的发展，为社会创造更多的价值。①

阿里巴巴集团创始人马云以“互联网 +”为新型媒介指导网上交易，开展了一系列关于“互联网 +”的行动，并推动着各行各业的发展。作为腾讯公司董事长的马化腾在 2015 年提出要以“互联网 +”为国家战略。②2015 年，李克强总理在政府工作报告中提出了“互联网 +”的行动计划，可见“互联网 +”作为经济发展，社会改革等推动人类进步的指导方式值得我们深度学习和思维培养。

“互联网 +”意味着它有联系外界一切的功能力量，它已不再是一个行业，跳出了行业范畴。互联网已成为国民经济的一个大的引擎，是效率的引擎，是创

① 张博. 浅析“互联网 +”环境下的共享经济模式［J］. 现代营销（信息版），2019(2):205.
② 马化腾. 互联网 + 国家战略行动路线图 [M]. 北京：中信出版集团，2015.

新的引擎。所以，“互联网 +”时代，应该是介于互联网时代和后互联网时代之间的这段时期。它打破信息不对称、降低交易成本，并促进了分工深化，提升了劳动生产率，为各行各业进行转型升级提供了重要平台和机遇，促进各行各业产业发展。

二、“互联网 +”的基本特征

（一）跨界融合

“互联网 +”最为显著的特征之一，即具备跨界融合的相关特性。互联网这一事物其最早诞生于 20 世纪 60 年代末，但是自其诞生起的较长一段时间内，它一直未能具备跨界融合的特征，其原因就在于彼时的互联网并不具备“+”的强大功能，当其具备了与其他行业、领域相加的功能结构后，它就有别于传统意义上的互联网。相加就意味着不同，意味着跨越界别的融合，也就意味着社会经济生活等多个方面的变革和优化。其跨界融合并不是彻底否定原有的模式和秩序，而是以传统行业为主体，以“互联网 +”为平台进行的一种信息共享、协同合作、效率升级的新发展模式。在这个平台之上包含了万千领域和行业，它们之间可以能够自主选择自身发展所需要的资源，实现不同领域和行业资源的交叉整合和利用，为相互间的发展提供了全新的思维方式及路径选择。“互联网 +”打破了常规的行业界限和信息壁垒，模糊了行业边界并拉近了区域距离，实现了深入的跨界融合，推动了全国范围内的创新发展和整体产业升级。

（二）创新驱动

近些年来我国在综合国力的提升、社会主义经济建设、人民群众的生活水平的提高等多方面都取得了令世界瞩目的发展成就。但是不能否认，我国各项建设的快速发展的同时资源大量损耗、环境大面积污染，这是用粗放型经济发展模式。进入 21 世纪以后，环境问题成为一种世界性的难题，也成为阻碍各国进一步发展的重要因素。如果处理不好环境问题，那么经济社会的发展将会延缓甚至会发生社会发展的倒退现象。所以这就倒逼世界各国必须重新审视发展这个重要的问题，从而深刻认识到要发展的同时也需要有一个良好的环境作为支撑。既然我国原有的经济增长方式不能够继续满足社会经济发展的需要，那么想要得到更好的发展就必须摒弃原有模式，寻找到新的发展路径，这就需要进行驱动创新。实现这种新的发展方式需要利用“互联网 +”的强大整合驱动能力，在这个毫无学科、行业及领域界限的平台上，各个主体充分发挥其主观能动性并不断相互融合进发出创新智慧的火花，搭建起充满活力的驱动发展的创新体系。

（三）开放生态

生态对于“互联网 +”来说是一个尤为重要和关键的特征之一，在生态的这个概念中已经包含了开放的这个基本概念。开放并不是简单地将各个行业放置于一个共同的网络环境之中，而是将各行各业所特有的资源进行展示和共享，并使它们主体之间在发展中得到互补和资源上优化配置，从而形成一个共生开放的发展生态。如在出行方面表现为：出行之前使用网络在手机上下载好叫车软件，通过网络定位便能及时准确地向使用同样软件并愿提供租车服务的广大私家车、出租车等发布用车信息，网络系统会优先派单给时间和地理位置最为适宜的用车服务提供者。由此能够看出，服务的提供者不再是原有思维认知上的出租车行业主体，对普通的私家车主也开放了租车服务。这种开放形式所带来的好处便体现在对整个社会交通运输能力的重新整合与资源充分利用，把闲置资源调动起来并实现了跨界资源融合，减轻传统出租行业载客压力的同时提高了整体运输效率，响应了政府节能减排的号召，为改善空气质量和保护大气环境做出了一份贡献。

（四）重塑结构

从互联网不断发展并逐渐影响广大人民群众的工作生活开始，人类就已经宣布进入了信息时代。信息技术的不断发展进步和丰富共享促使整个世界更加紧密地联系在一起，全球化的进程和水平得到进一步的提升。在“互联网 +”这个万物互联的大环境里，原有的社会经济、生活等结构模式被进一步地打破和改变，取而代之的则是对其原有结构模式的重新融合与塑造。如在日常的消费模式中通常人们惯用现金这样的交易方式，但当消费模式与互联网相结合后便出现了支付宝等新的交易方式，此种方式的特点在于实现了一部联网手机便可进行随时随且零现金的交易的概念化付款方式，在改变广大人民生活方式的同时也带来了极大的便利，促进了人民生活水平的提高和经济的发展，其原有的结构模式被进行了重新地塑造和改变。由此可见，“互联网 +”所带有的结构重塑这一特征是具有能够推进社会向前发展的强大功能，是符合时代发展潮流的需要，同时也是促进各行各业获得新的发展动能的强大推力。

（五）尊重人性

人的本性与需求是现代社会一切事物创新与媒介创造的原初动力。同时，也只有真正贴合人的经验感受和行为逻辑的创新才能保留下来，乃至发展壮大。"互联网 +"模式的立身根基就是对互联网时代中人类社会的经验需求的体察，强调一些设计和创造都应该以人为本，要高度重视人和产品之间的互动，要全面考虑用户的背景和经验，以及在应用产品过程中的感受，从而对产品进行调整和优化，使其更加符合用户的需求。

（六）连接一切

"互联网 +"模式的根本期许之一是在人类社会不同的活动场域之间实现信息共享和互联互动。凭借当前互联网的发达，加上以智能手机为代表的终端普及程度，每一个人生活的不同侧面都前所未有地互通互融。购物网站和交友软件共享一套大数据，使得个人社交媒体与公共舆论平台水乳交融。当前，互联时代的逻辑已经伸展至社会领域的一切神经末梢。

第二节 "互联网 +"教育的发展和意义

一、我国"互联网 +"教育的起源和发展

2012 年 3 月 2 日，教育部正式发布《教育信息化十年发展规划（2011—2020 年）》。这一规划的施行说明了国家对 2011—2020 年十年间的教育信息化工作做出了系统的设计和安排，也为国家教育信息化的发展提供了行动纲领。

2015 年 3 月，李克强提出制定"互联网 +"行动计划[①]，"互联网 +"第一次纳入国家的顶层设计，这也意味着教育的信息化时代正式到来，教育进入又一次大变革时代。

2015 年 3 月 27 日，在北京举行的一场新闻发布会上真格基金创始合伙人、一起作业网董事长王强认为"互联网 +"教育会生成智慧教育。

2015 年 4 月 9 日，中国教育报发表了题为《"互联网 +"时代的教育变革》的文章，该文指出对于中国教育领域，"互联网 +"又意味着教育内容的持续更新、教育样式的不断变化、教育评价的日益多元，一言以蔽之，中国教育正进入一场基于信息技术的更伟大的变革中。

① 李克强．第十二届全国人民代表大会第三次会议 [R/OL]（2015-3-16）[2021-9-20]http://www．gov．cn/guowuyuan/2015-03/16/content_2835b1．htm

2015 年 5 月 4 日，中国教育报又发表了题为《“互联网 +” 教育：冰火两重天》的文章。一边是 “互联网 +” 教育的 “荒漠”，老师都还摸不着头脑；一边却是互联网的 “天堂”，各式新鲜的教学方式正逐渐走进课堂。持不同观点的学者对此状况发表了自己的见解，其中较为中肯的有：“互联网 +” 教育虽然会对传统教育造成冲击，使其有所改变，但不会颠覆传统教育，更不会改变现有的学校体制。

2015 年 6 月 9 日，光明日报发表了题为《“互联网 +” 教育：机遇、挑战与应对》的文章，北京师范大学教育学部赵国庆指出，“互联网 +” 教育的作用不容小觑，大家必须正视它。互联网与教育相融合，极有可能摧毁旧的、传统的教育生态，从而形成新的教育环境。

通过以上对 “互联网 +” 教育起源和发展历程的论述，我们可以发现，越来越多的人意识到互联网的发展对教育教学产生着重大的影响。互联网的发展突破了人们的地域边界，也在很大程度上改变了人们的思维和行为方式，促进了教育从量变到质变的变化。也有很多学者提出，在顺应时代潮流开展信息化教学的同时，要保证教学始终在教育本身的轨道上。最重要的，我们必须明确，“互联网 +” 教育，其核心在于 “教育”，互联网只是一种环境、一种工具和一种手段，教育者万万不能舍本逐末。

当代学生的行为方式、思维方式及生活习惯等都深受互联网技术的影响。如何真正利用网络优势，充分发挥其在教育教学工作中的积极效应，确保学生获取有用的知识，提高 “互联网 +” 对高校教育的实效性，是现在高等教育学府需要积极应对和解决的重要问题。

二、落实 “互联网 +” 教育的必要性

互联网时代下，社会环境开放化、网络化及信息传播多元化、及时化的发展方式，需要高校开展网络思想政治教育。

（一）开放化的社会环境需求

随着互网络时代的来临，我国社会的总体环境、与国际社会环境呈现出越来越开放化、网络化的态势。一方面，国际社会环境的网络化、开放化，加强了国家之间的联系，一些外来文化思想逐渐流入我国社会，把来自世界各自不同领域的思想观念带入我们的视野，将一些优秀的文化传入国内的同时，其中也不乏一些与我国对立政治观点和意识形态的输出。对于充满好奇心和探究精神的大学生来说，是了解世界的最近的入口，通过网络窗口就能掌握来自世界各个领域不同

的思想、文化、新观念，比我们在书本上所看到的、教师口中所讲述更为广阔、更具有吸引力。比如，近年来很多美国大片（烧脑影片）广泛受到高校大学生喜爱，题材内容过分渲染了人权主义、个人英雄主义，以及关于自由民主的观念。处于思想动荡期的大学生容易受到这些观念影响，正直血气方刚年纪的他们易怒冲动，如果不及时得到引导和纠正，很容易对自己和其他人及社会造成危害。高校需要开展网络思想政治教育工作，帮助大学生树立正确的意识形态与世界观。另一方面，国内社会环境的网络化、开放化，在很大程度上促进了我国政治、经济、文化、社会的快速发展。相应的也带来了一些不利影响，各种社会现象被扭曲、夸大，不良现象的广泛、高速传播，都严重影响大学生的“三观”养成。这种社会环境的变化对高校思想政治教育提出了新要求，需要积极拓展网络思想政治教育，促进网络生态化发展，使大学生形成的健康思想观念、意识形态，使大学生自身的发展达到一个很和谐的状态，形成一个和谐的大氛围，从而促进和谐校园的建设，最终建成社会主义和谐社会。

（二）多元化的信息网络需求

网络信息高速公路的建成，以其多元化、及时化传播特点，使人们方方面面的需求都可以通过网络来实现，事无巨细。例如，买房子、找工作、购物、旅游、娱乐等等。近年来，教育也迈入信息网络的行列，各种网络教育平台、教育课程开始兴起，特别引起了大学生的广泛关注，对于求知欲望强烈的他们，需要通过这样一种多元化、及时化的网络渠道获取知识。一方面，加强了大学生获取知识的广泛性，另一方面，提高了他们获取知识的时效性，有利于在高速发展的网络时代中迅速提高自己的知识储备与竞争力。高校要根据信息网络时代的发展需求，迎合大学生多元化、及时化的学习新方式，借助网络新渠道拓展思想政治教育与宣传，是高校提高大学生思想政治教育水平的有效途径。

三、“互联网＋”教育的研究意义

“互联网＋”是互联网在当今社会背景下发展的必然趋势，加强对“互联网＋”发展规律和趋势的分析与研究，对教育行业的发展具有十分重要的意义，要不断探寻“互联网＋”，为国家高等教育决策提供理论依据，帮助教育研究者和管理者认识“互联网＋”的重要性，促进“互联网＋”的全面发展，为构建学习型社会提供动力。

“互联网＋”与高等教育的融合发展非常迅速，从早期的网络视频教育到后来的微课、在线课堂、碎片化学习等，互联网教育的教学模式、资源配比和平台模式随着互联网技术的革新也在不断地变化和提高。这种“革命性的飞跃式”发展对我国高等教育改革而言，既是机遇，又是挑战。因此，研究“互联网+”与高等教育的融合发展，总结其优势与不足具有重要的现实意义：首先，能更好地利用先进教学手段，进行教学模式改革；其次，可以共享优质教育资源，改变高校资源分布不均问题；最后，利用“弯道超车”的机会借势加速发展，缩小与国际名校的差距，提高国际影响力。

第三节 “互联网+”教育的特征和落实

一、“互联网+”教育的基本特征

（一）实现教育载体多样化

传统的高校教育主要以直接传授和书本填充式教育为主，学生信息的获取量是一定的，且教育过程只针对部分学生，受众的范围有限，并且和教师的沟通技巧方式及教育环境等都密切相关。基于上述传统高校教育中主客观都有所限制的情况，网络教育由于如今的互联网环境而显示出巨大的优越性。互联网为网络教育提供了更加多元化的载体和丰富的传播途径，也使教育平台由线下转为线上，广大高校的教育工作者利用QQ群聊、微信公众平台等作为各学科教育的载体，将先进和科学的理论和文化融入学生的生活中，让学生能够在耳濡目染中接受更多的知识和信息。

（二）教育过程具有互动性

高校各学科教育工作的顺利进行离不开教师与学生的双向互动，而互联网环境能够为双向互动提供有效途径。高校教育工作者通过网络媒介，通过各种网络论坛、讨论区、贴吧等渠道，采取年轻学生群体较为欢迎的方式对大学生的思想与行为进行熏陶，使社会主义核心价值观逐渐渗透、改善学生行为举止；大学生作为受众群体，通过互联网主动、有效接收教育者传递的信息，自身能力得到提高的同时，教育主客体之间达到认知与目标的高度统一。经过长期的实践和研究，我们发现传统教育的主要弊端，比如在教学内容和方法上忽视学生的实际需求，过于依赖书本教学，忽视实践活动，这些弊端严重影响了思想政治课程的价值实现。网络教育能够深入学生身心，真正给予学生人文关怀，做到教书育人两面兼顾，从而减少学生被教育过程中可能产生的反感、厌恶情绪。因此，要想使高校教育工作取得良好的成绩，教育工作者不仅要努力弥补自身在教育能力和性格方面的不足，还要规避传统教育在教学内容和形式上的缺陷。教师通过不断改正自身的问题做好示范，用日常的行为关怀感染学生，主动拓展互联网教育阵地，提升大学生的学习效果和专业技能。

（三）教育内容更加生动化

传统教育模式同与互联网结合的教育相比，最突出的不足在于教育内容本身。传统教育形式单一、载体不够丰富、仅凭借书本等传统媒介呈现教育内容，难以及时更新，教育工作者的工作也难以创新丰富和发展。网络教育凭借互联网的发展，为广大的教育工作者提供了更多教育内容创新的可能性，有利于教育工作者摆脱课本的束缚。教育工作者可以将乏味的教育内容与各类生动有趣的图片和视频等结合起来，吸引更多的大学生，让大学生在更加立体生动的信息教学中学习更多的知识和技能，领会更多的实践经验。

二、“互联网＋”教育的具体落实

互联网虽然在很大程度上帮助了人们的生活和工作，也提高教育工作的教学质量，但同时互联网中的自由言论也会出现一些负面信息，这不仅会影响整个社会的道德风气，还会影响高校教学，特别是思想政治的教学，那么以下则对如何落实“互联网＋”教育这一理念和模式展开分析。

（一）充分利用信息技术，加强教学内容的拓展

顾名思义，“互联网”就是网络与网络之间进行连接，最终形成一个庞大网络。这个网络可以跨越时间和空间，让我们可以依托信息技术，突破时空局限性，获取自己想要得到的信息，或者突破地域界限进行交流互动。

在传统的教育模式中，教学的环境和资源是封闭的，师生只能活动在教室或学校中，只能在书本上获取知识和信息，这不仅造成教学与现实社会的脱节，长此以往也会导致教学思维和教学模式的固化，进而导致学生思维的固化，严重影响教学的效果。而互联网的出现给我们获取和传播信息提供了便捷的方法和渠道，同时帮助教师引入了更多的教学内容，特别是一些与学科密切相关的、与现实社会和学生生活紧密相连的内容，这大大提升了课堂的活力和吸引力，同时也灵活

了学生的思维。所以，在“互联网 +”教育的具体落实中，教师要深刻理解互联网的含义及互联网时代的特点，充分利用互联网和信息技术加强教学内容的拓展，使得教学内容更符合学生当前的身心发展特点，能够满足学生的实际诉求，更重要的是能够通过教学内容的拓展，推动教学模式的变革，从而更好地实现学科育人的价值与功能。

（二）加强教学模式创新，转变教育教学的方式

所谓教学模式，就是指在教学过程中所遵循的原则和理念、所采取的形式和方法，所以教学模式的选择对教学结果有着根本性的影响。在传统的教育背景下，教师所采取的教学模式十分单一，缺乏变通，长此以往必会消磨学生的热情，降低教学的实效性。而“互联网 +”时代给教育模式的改革和创新带来了很多契机，为教育行业开辟了大好的发展前景。所以教师要抓住这一机会，根据实际学情加强教学模式的创新，积极转变教学的方法，打造新颖有活力的课堂。

比如，教师可以充分借助互联网平台，了解学生的所思所想，了解学生的实际诉求，据此改进教学策略。同样，学生也可以借助互联网平台和教师平等交流，可以向教师倾诉自己的困境，得到教师的帮助。另外，互联网时代各类媒体如雨后春笋一般十分繁荣地发展，教师也可以利用新媒体来创新教学模式。比如，借助微博、公众号等平台实施教学活动，并借此拓展教学，将教学延伸到课外，延伸到学生的现实生活中。教师也可以设计一些有趣有意义的活动方案，以激发学生的兴趣，提升学生的课堂参与度，让学生在新奇、热情、活泼、主动的状态中获得知识和技能，并得到思想层面的素质提升。

（三）警惕网络思想垃圾，净化校园网络环境

就如同硬币有正反两面一样，任何事物都有其两面性，互联网也是如此，它在给教育教学带来一系列优势和便捷的同时，也带来很多问题和隐患，这些问题和隐患倘若不能得到有效解决，那么“互联网 + 教育”就不能发挥其正面的作用，甚至会适得其反，所以无论是社会、政府、高校还是一线教师，都必须从不同的角度来分析和研究互联网，了解它可能带来的负面影响，并积极消除或避免这种影响，从而保证教学的实效性。

互联网给教育带来的最明显问题就是信息和言论的问题。我们处在一个言论相对自由的时代，特别是互联网给了我们创作和表达的机会，我们可以很容易地向外界表达自己的看法和观点，与此同时，我们也将接受各种不同的观点，这不

断拓展我们的思维，拓宽我们看待问题的角度，从这个方面来讲互联网当然是有益处的。但我们要清楚，大学生虽然已经成年，但他们一直以来都生活在学校这个封闭的环境中，即便进入大学，与社会也并没有进行深度接触，再加上眼界和学识受限，思想观念尚不成熟，所以他们很容易受到网络言论的影响，其价值观容易被左右，进而影响着大学生的行为，所以这一问题必须引起我们的重视。

在使用互联网的过程中我们可以发现，网络的开放性使每个人都得到表达的机会，每个人都可以成为信息的传播媒介和传播源头，这就导致一些不好的、不正确的思想和价值观念被传播，这些信息无疑会对大学生思想观念的构建造成冲击，甚至会影响大学生的政治信仰。因此，高校和政府相关部门必须加强对这一问题的重视，采取有效的手段，优化网络环境，避免这些不良信息的传播。当然，也要从学生主体出发，提升学生的网络信息鉴别能力，并把监督校园网络信息的重任交给学生，培养学生坚持正确思想、抵制、举报不良信息的意识，从而为“互联网 + 教育”的落实开辟一条宽敞而洁净的道路。

第三章 “互联网 +”时代高校思政教育的发展状况

“互联网 + 高校思政教育”与传统的高校思政教育相比具有很多新优势。一是教学方式的切身性。与其他社会类似，大学生群体作为新兴事物最迅速地掌握者，是我国互联网用户中最活跃的人群。对新时代大学生来说，网络生活与线下生活已经高度融合，从信息获取到社交互动，互联网都是最重要的载体和平台。“互联网 + 高校思政教育”的教学以大学生最为切身的方式传递有关思政教育的思想内容，高度适应大学生的学习习惯和生活节奏，打破了传统教学的时空限制，更有利于教学效果的提高。二是教学活动的互动化。互联网生态的一个基本特点是在中枢与终端、平台与客户之间搭建了双向的信息传播桥梁，这对于以单向性为主的传统教学来说是一个巨大的补充。当代大学生的一个重要特点就是更加勇于表达自身意见。而以往的经验证明，单向讲述的思政教育往往被学生视为枯燥的说教。因此，只有在充分的互动中，才能更好地实现大学生在“知”的基础上“信”，做到真正地深入人心。

本章为“互联网 +”时代高校思政教育的发展状况，先介绍“互联网 +”高校思政教育的发展历程、发展困境，以及“互联网 +”高校思想政治教育的特点；而后从多个角度分析“互联网 +”对高校思政教育的影响，最后介绍“互联网 +”时代高校思政教育的原则和方法。

第一节 “互联网 +”高校思政教育的发展及特征

一、“互联网 +”高校思政教育的几个重要发展阶段

（一）应对阶段

1994 年至 1999 年为网络思政的应对阶段。1994 年我国接入互联网，那时网

络使用费用较高，并不是人们生活必需消费的产品，阻止了很多人对网络的向往，但是网络发展的前景给人们带来无限的想象。到了 1999 年年底，我国上网用户数和上网计算机数仍然十分有限，上网用户的组成多数为大学生，大学生成为网络体验的主要客户。因此，在这个阶段青年大学生在网络中难免受到来自互网络空间负面影响的冲击，虽然这一阶段网络思想政治教育没有正式提出，但是网络思想政治教育工作在那时已在被动情况下开展，工作主要是采取防、堵、管的对策，网络思想政治教育雏形正是在其应对外来影响开始的。

（二）探索阶段

2000 年至 2006 年为网络思政的探索阶段。这一阶段我国高度重视高等院校网络思想政治教育工作，从政策制定到实践层面都取得了明显的成效。2000 年 9 月教育部下发《关于加强高等学校思想政治教育进网络工作的若干意见》，意见要求全国高等院校大学生思想政治教育工作要进网络，利用网络为思想政治教育服务，尽快做出的具体规划和统一部署，并把其提上了学校重要议事日程。

2001 年 10 月中共中央制定印发了《公民道德建设实施纲要》，该《纲要》把计算机与互联网看作开放式的交流传播工具，并把互联网看作公民思想道德建设的新领域，之后加大了在网上进行宣传管理的力度，其主要是发布有益、进步、健康的信息，反对迷信、淫秽、庸俗、反动等不良信息，进一步引导网民增强网络道德意识。之后思政学界对网络思想政治教育开展了专题性的研究，通过中国知网查询从 2000 年至 2006 年网络思想政治教育相关文献达到 960 条，比 1994 年至 1999 年应对阶段的 3 条多出了大量的研究成果。从这一阶段总体分析来看，探索阶段虽然进行了大量的研究，取得了一定的研究效果，但质量仍不高，只是对网络思想政治教育进行了初步探索，简单把网络思政理解为思政工作进驻了网络，思政工作多了一项网络内容，需要加强对网络阵地的建设与管理。

（三）深入阶段

2007 年至今为网络思政的深入阶段。这一阶段是我国网络思政快速深入发展的时期，呈现出网络思政全方位的发展态势，表现在教育、管理、服务、文化、办公、信息资源共享等许多方面。在 2007 年 4 月，中央政治局专题研究了网络文化建设工作，要大力发展中国特色网络文化、加强网络文化建设和管理、充分发挥互联网等信息网络。为进一步营造校园网络建设氛围，教育部思政司又开展了第五届全国高校百佳网站网络评选活动，每届评选出全国高校 100 个百佳网站，切实发挥了示范引领作用，成为全国高校网络建设的品牌活动。随着网络技术的飞速发展，两年后的 2011 年诞生了微信，微信的整合性更加便捷，依靠其零资费、跨平台沟通、显示实时输入状态等功能成为国人手机必备的 App，同时也赢得了国内大学生的参与支持，使其在高校校园内快速推广应用，至今已形成了一股革新高校传统理念与实践的驱动力。2016 年 9 月抖音短视频 1.0 版本正式上线，它是面向青年群体开发的一款简易自制音乐视频记录生活的社交软件，其功能是在 15 秒的时间段选择音乐配以短视频形成自己的作品。2018 年 1 月国内日活跃用户数超过 3000 万，2018 年 3 月国内日活跃用户数超过 7000 万，2019 年 1 月国内日活跃用户数超过 2.5 亿，再从 2019 年 1 月国内整月观察来看，国内活跃用户数已超过 5 亿，用户数继续保持快速增长，其中青年人占比较大，且年龄段呈上升趋势。

当前微博、微信、QQ、抖音等新媒体技术已成为大学生学习生活工作不可缺少的一部分，彻底改变了他们过去的单一阅读模式，这为网络思政的大发展提供了良好的物质基础和技术支撑，同时也要求思政工作者及时了解网络带来的新媒体技术，掌握大学生的新兴兴趣与应用习惯，运用马克思主义理论、哲学、政治学、社会学、管理学、心理学、新闻与传播学、计算机科学与技术等多门学科原理与方法进行引导，把握好大学生网络思想政治教育的内涵、本质、特征、规律、功能、价值、主体、客体、内容、方法、理念、原则、模式、机制、发展趋势，使大学生网络思想政治教育工作更具科学性。2016 年以来，国内高校思政工作队伍已习惯从线下转向线上推动大学生思政工作，借助微博、微信、QQ、抖音等新媒体技术平台实现了线上线下的自由转换，使大学生思想政治教育工作更有针对性、实效性。思想工作队伍也从过去线下队伍延伸到学校的网络技术人员、教务、后勤等部门的全体人员，按照“三全育人”的要求，他们都应在学校承担不同的育人责任，发挥不同岗位的思政作用，使大学生网络思政工作显示出独特的魅力。比如，近几年全国高校涌现出一批网络思政的代表人物，其中有大连海事大学的曲建武、南京航空航天大学的徐川、陕西科技大学李萌的“萌哥有话说”、华中农业大学祝鑫的“华农鑫巴”、山东大学范蕊的“陌上花开”等人，他们的微信公众号关注量大、活跃度高，其微信公众号推动了大学生思想政治教育工作进网络的时代感和吸引力，并把这一颗颗思政真善美的种子深深地植入了大学生的心中，为新时代高校思想政治工作贡献了他们各自的一份力量。高校外还有网络思政的代表人物，其中有周小平、花千芳，他们被称为网络草根，却拥有着大量的粉丝关注，因为他们的网络作品倡导着正面积极的力量，唱响了网络的主旋律，在受邀参加全国文艺工作座谈会上得到了习近平总书记的高度认可。

二、我国“互联网+”高校思政教育的发展困境

（一）未能发挥信息技术的积极作用

高校思想政治课程必须做到与时俱进，广泛吸收先进的思想。互联网时代，思想政治课程的教学目标与以往的目标相比有所不同，随着课程改革的不断深入，学生的主体性凸显。因此，高校思想政治课程教学必须与时代保持同步，采用最新的教育教学手段，获取最新的教学资源，吸收最新的理论知识，充分发挥学生的主体作用。

在互联网的推动下，我们迎来了一个信息爆炸的时代，大学生正处于思想活跃的年纪，难免要受到互联网时代特征的影响。所以我们可以发现，在学习和生活中，学生十分习惯使用手机和电脑，网络给他们的生活带来了很大的便捷。而在互联网背景下，现代信息技术必定要走进课堂，为教学提供更多资源，这也在很大程度上起到了吸引学生学习兴趣的效果。但事实上，很多教师的思维并没有跟上时代的变化，依然拘泥在传统的模式之中。他们对互联网没有深层次的认识，对信息技术没有足够的了解，他们仅仅把信息技术当成一种教学工具，并不能充分发挥其作用。比如，很多教师课下花费大量时间，把书本上的内容转移到多媒体课件上，以此作为课堂展示的内容，以期吸引学生的注意力。实际上，这种教学方法跟传统教学手段相比只是“换汤不换药”，学生只是更换了一种接受知识的载体，即从书本到电子课件的转换，整个课程并没有新元素的引入，这无法达到信息技术促进教学目标实现的效果。所以说，很多高校教师曲解了“互联网+教育”的真实含义，出现了信息技术教学手段喧宾夺主的局面，未能发挥信息技术的积极作用，严重影响了教学效果。

（二）教师思维与网络时代存在隔阂

在高校思想政治课程建设和发展的过程中，我们一直都把学生作为主体，关注学生的特点和需求，关注学生的学习效果，却忽略了教师的发展。实际上，教师和学生都是不可忽略的主要角色，他们在课程建设的过程中都起到决定性作用。思想政治教师是学生学习活动中的主导者，他们的思想和行为对学生有着很大的影响，要想提升学生，首先要提升教师。但是不难发现，很多高校教师安于现状，他们在信息化课堂中并不具备较高的解决问题的能力，从而影响了课堂进度。

然而，高校教师信息化教学手段应用水平依然没有得到显著提升，思想政治教师信息素养落后，主要表现为观念落后、技能参差不齐、形式化明显。高校思想政治教师的年龄普遍不年轻，思维模式较为传统，对于新事物的接受能力较差。而大学生是信息时代的“原住民”，对于新事物有较强的接受能力。受年龄与所处时代的影响，高校不少思想政治教师思维模式单一，传统的教学思维方式对他们影响深刻，他们更习惯与学生进行面对面的交流，对于应用信息技术教学手段是否会对教学有所帮助不以为意。时任教育部部长陈宝生就曾说：“高校思想政治课程的抬头率较差，这可能是受到传统教学方法的影响，没有紧跟时代的脚步，这就导致了思想政治课程的亲和力很差”。

（三）网络中多元思潮对核心价值观的消解

所谓多元思潮就是指在一定历史时期和社会条件下人们的思想倾向和感情，用多元来形容思潮数量之多。互联网是一个开放而自由的虚拟空间，在这个空间中，各种各样的思想和观点都可以展现出来，并且会得到不同人群的支持和回应，形成了多元思潮的快速传播与扩散的态势。这些多元思潮主要来源于西方发达国家。消解是一个化学名词，意思是慢慢地溶解，直至消失，这是一个动态过程，也是一个“润物细无声”的过程，必须要引起注意。

就网络中多元思潮对社会主义核心价值观的消解而言，主要体现在如下三个方面：第一，政治信仰观念的消解。在我国社会主义核心价值观中，如自由、平等、公正、法治都属于政治信仰观念，但我们所指的自由和平等与西方国家所指的自由平等观念并不一样。我们是在马克思主义理论基础上谈论自由和平等，是无产阶级的自由和平等，并非西方国家所说的普世的自由和平等。在互联网时代，西方政治信仰观念通过网络非常快速便捷地传入了我国，大学生又是网络中非常活跃的一个群体，接受能力很强，但他们还没有形成稳定的政治信仰观念，对这些突如其来的西方政治观点缺乏理性的判断，往往由于好奇心的驱使会不加思考地盲从和选择，抛弃了社会主义核心价值观。第二，道德情操观念的消解。在社会主义核心价值观中，最为重要的道德观念是爱国、敬业、诚信、友善，这是中国人传统的道德观念，是有其深厚的文化背景的，完全不同于西方国家所言的诚信和友善。但在现实中，有一些大学生的确存在着网络道德问题，他们在虚拟的网络世界里放纵自己，认为无论自己怎样说怎样做都不需要承担法律和道德上的责任，把人性中恶的一面暴露无遗。第三，全球化观念的消极影响。众所周知，网络是产生于西方发达国家，特别是美国。英语世界国家主导着网络话语权，这就使部分大学生无形中弱化了民族意识，再加上全球一体化理论广泛传播，使得有部分大学生民族认同感开始减弱，甚至消解。新一代大学生英语应用能力普遍比较强，更容易使他们在民族观念上产生迷茫和错觉，弱化和消解民族认同感，值得重视。

三、国外“互联网＋”高校思政教育的发展和启示

（一）社会主义国家的高校网络思政教育

在社会主义国家一党制执政下，高校思想政治工作进一步得到发展，大学生网络思政作用进一步得到巩固。比如，1986 年越共第六届大会提出了全面改革国家经济社会发展的方针，建设具有越南特色的社会主义国家，并对党的学校政治工作进行综合配套改革，提高学校党员干部的管理能力。2007 年为了培训年轻一代的思想教育工作，越南教育部发布 50 号令，其令指出：“高校的思想政治、道德、生活方式教育工作是一个重心和日常的任务，其工作由校长直接指导”[①]。越南高校大学生网络思政是伴随着互联网在 1994 年的引进，以及在 1997 年至今的运行而逐渐发展。越南移动互联网经济发展势头迅猛，未来发展前景巨大。面对互联网渗透性的机遇与挑战，越南高校的大学生网络思政重视网络的正面教育，一方面，通过建设思政网站加强对大学生的思想引领，另一方面，通过互联网的脸谱（Facebook）、推特（Twitter）、YouTube、Flickr 等社交软件加强对大学生的动态管理，有效引导大学生合理利用时间玩游戏、聊天等网络活动，有效引导大学生辨识西化分化的思想渗透，自觉、主动、及时在网上与敌对势力做斗争。越南经过 34 年来的改革，其经济社会各项事业全面发展，国际地位和影响力逐渐提升，高等教育进入改革的新时期并按照党的改革路线加以调整运行，形成了大学生网络思想政治教育，培养出一批批又红又专的国家需要的人才。其他社会主义国家大学生网络思政与越南情况大致相似，但是朝鲜大学生网络思政受网络使用限制发展明显滞后。

社会主义国家大学生网络思政的启示：一是借鉴其他社会主义国家思想政治教育的成功经验，重视大学生思想政治教育工作，把大学生看作建设社会主义国家的主要力量，早期还有从工农青年学生中选派优秀积极分子到高等院校学习，对他们进行马克思主义理论教育、基础文化知识教育、法制教育、社会实践教育、

① 潘式芳英．新时期中越大学生思想政治教育比较研究 [D]．长沙：湖南师范大学，2015：29．

革命史教育，使他们成为社会主义国家需要的具有共产主义理想和较好文化知识的新型干部队伍。二是社会主义国家机构设有共青团组织，例如朝鲜金日成—金正日主义青年同盟、越南的胡志明共青团、老挝人民革命青年团、古巴共产主义青年联盟。在社会主义国家，共青团组织与教育系统、传播媒体等部门承担大学生思想政治教育工作的职责，并与教育系统、传播媒体等部门密切配合形成合力，引导大学生通过劳动教育、道德教育、爱国主义教育等实践活动，对祖国产生强烈的民族自豪感，在实践中教育大学生学会个人利益服从集体利益且具有无私奉献的精神，在实践中教育大学生成为社会主义国家合格的公民。三是社会主义国家大学生思想政治教育工作呈现网络化的发展趋势，经过网上文献综合分析发现，目前 5 个社会主义国家已全部接入互联网，其中朝鲜互联网开放程度较低，其他社会主义国家互联网开放程度较高，同时网络的开放性给社会主义国家大学生思想政治教育工作带来了新的思考、新的途径、新的手段，主要目的是利用互联网技术保证社会主义国家培养的大学生永不变色、永远爱党爱国、永远为社会主义国家服务。比如，古巴共产党设立了舆论调查中心，利用网络及时掌握大学生的思想动向，做到及时干预、引导，保证培养出的大学生为社会服务、为人民服务，造就一代代社会主义新人。

（二）西方发达国家的高校网络思政教育

西方发达国家教育领域虽然没有提过“大学生网络思政”，但是西方发达国家的公民道德教育、民族精神教育、爱国主义教育等教育观与我国大学生网络思政内容与实践是相通相近的。西方发达国家在“大学生网络思政”科学技术方面领先发展，对教育网络化、教育大数据、教育理念的先行先试，为“大学生网络思政”升级做了大量的基础性研究工作。西方发达国家的研究大致可以分为三个阶段，第一阶段是从第二次世界大战开始到 20 世纪 50 年代末期，以数学家图灵为脉络，对密码数据、机器智能、自然语言处理、神经网络等方面进行了综合研究，开启了人工智能研究的先河。第二阶段是从 20 世纪 60 年代初期到 20 世纪 80 年代末。以 1969 年初互联网概念诞生为标志，西方发达国家不约而同相继推进了互联网商业化，挖掘出其在通信、信息检索、客户服务等方面的巨大潜力，使互联网的发展有了质的飞跃，并逐渐蔓延覆盖更多的国家。第三阶段是从 20 世纪 90 年代初到现在。西方发达国家积极推进信息和通信技术，其目标是建设一个由快速通信的互联网、计算机群、多种数据库，以及线下电子产品组成的移动网络技术，方便人们之间可以相互交流沟通，特别是以 2007 年可汗学院网站成立为标志，利用互联网的免费视频进行授课，且将教学视频全部控制在 10 分钟左右，使学生的大脑注意力更加集中。可汗学院还利用网络平台技术真正做到因材施教，充分掌握不同学生掌握知识的程度和学习习惯，为学生搭建一个自行选择学习内容和学习进度的网络学习环境。

西方发达国家“大学生网络思政”提供的一些宝贵经验和做法值得我国高校学习借鉴、取长补短，尤其在大学生网络思政方式方法上进一步创新，在大学生网络思政科学性实效性上进一步增强。首先，我国大学生网络思政强调灌输式教育，忽视大学生的启发式教育，对此我国高校可借鉴西方发达国家的渗透式方法，把思政内容融入历史学、政治学、经济学、心理学、教育学、社会学等课程中，也可以把思政内容融入大学生的线上线下第二课堂中，以达到“润物细无声”的渗透效果，使大学生在潜移默化中接受教育引导，践行与本专业有关的社会价值导向。其次，我国大学生网络思政工作一直以来被认为仅仅是学校的工作，与社会关系不大，对此我国高校可借鉴西方发达国家社会实践对大学生的教育作用，通过线上组织学生旁听社会民生会议、观看免费电影和线下参观纪念馆、博物馆、艺术馆，了解国家发展的历史，从而使大学生的爱国热情高涨。再次，我国高校大学生网络思政对民族精神融入不够，虽然继承了中华民族五千多年的优秀传统文化，但是民族精神并没有得到很好的提炼。对此我国高校可借鉴西方发达国家的民族精神教育。我国“中国梦”近几年才提出，时间较短，内涵需要进一步丰富，引导力需要进一步加强并使大学生个人梦融入“中国梦”，汇聚起强大的民族精神。

四、高校“互联网＋”思政的教学特点

高校网络思想政治教育把互联网所固有的特点运用于思想政治教育工作中，以其开放性、互动性、形象性、多样性网络思想信息内容和教育方式，以提升大学生的学习兴趣。

（一）学习空间更加开放

“网络媒体以其本身特有的传播优势突破了时空的限制高效的传送各种信息，使人们运用网络途径迅速了解世界。”① 这种方式深受大学生的青睐，随时随地可以接收到传送者所发出的各种形式的信息，给高校大学生的学习与生活带来了很大便利，同样也为高校推进思想政治教育工作提供了更广阔的空间。不必遵

① 曾令辉．网络思想政治教育的提出及其特征探析 [J]．教育与职业，2004(15)：80-82．

循传统思想政治教学方式，按照教务处安排组织师生在指定地点、指定时间进行思想教育活动。可以通过校园网站、各种手机终端软件及时地发布思想教育信息和远程课件进行开放教学。学生也可以通过在寝室、在家、任何能接收到网络的地方进行学习，也能与同学、教师进行互动沟通，反过来教师也能快速地得到教育反馈结果，追踪学生的动态。有利于充分调动思想政治教师的教学积极性，以及大学生接受思想教育信息的主动性，大大提高了高校思想政治教育的实效性与开放性。

（二）师生之间互动性强

高校以网络为介质对教育客体实施思想政治教育的教育主体，包括高校思想政治教师、辅导员等，对于教育客体的定位则是高校大学生。教育主客体之间形成以网络为连接的教育活动，与传统思想政治教育有很大区别。高校思想政治教育由于教育对象广泛的原因，一般选择采用课堂教学、组织班会、开展专项讲座、红色基地参观等集体环境教育方式。受到传统教育模式的制约，教育主体不可能做到与每一位学生进行即时的沟通互动，只能小范围与个别学生进行互动，教育主体与部分教育客体的互动不及时，以至于教师不了解整体学生的思想动态及基础知识的掌握情况。网络思想政治教育的出现，解决了师生沟通互动的问题。有利于学生可以对于教育信息的接受和吸纳，被动接受变成了主动参与，教育客体转变为教学主体，实现了思想政治教育地位上的平等，使相对比较内向的学生敢于在网络世界里表达自己的观点、想法及学习、生活中的苦恼和困惑，通过与教师沟通互动这些问题都能有效得到化解，拉近了教育主客体之间的心理距离，同时也增强了教育客体自我学习的能力。

（三）教学内容更加形象

高校的传统思想政治教育多数通过教材、文件的形式。而思想政治教育内容基本上都大篇幅的文字信息，很少掺杂图片信息，教材内容较为深奥抽象。在大多数学生心中留下了黑白色的印象，难以长时间吸引学生的注意力，或者根本投入不到教学情境中，长期下来学生会产生视觉疲劳、精神倦怠等厌学情绪。在一定程度上阻碍了思想政治工作的开展。如今，高校的思想政治教育搬到了网上，内容呈现以网络语言、图片、音频、视频等多媒体交融的图文并茂方式，赋予了思想政治教育新的色彩，更加生动、形象的传播思想政治教育信息，大大提高了学生的感官刺激，将大学生融入这种可视化学习情境中，享受这种视觉感受增加了学习的趣味性，提高了教育效果，有利于思想信息走心入脑。

（四）教学方式更加多元

随着网络的来临，网络的足迹遍布生活的每一个角落，人类社会也越来越离不开网络，到处都是网络的印记。高校的思想政治教育也毫不例外地迈入了网络的行列。现如今，以手机终端主导的腾讯 QQ、微信及微博等即时通信工具已经成为大学生互动和获取信息的主渠道。高校也根据当前网络发展趋势探索新的思想信息传送途径。例如，沈阳师范大学建立的电子图书馆和图书馆微信公众号，经常推送一些知识讲座、微课堂、好书荐读等信息。沈阳师范大学微信公众号 2016 年 10 月推送的红色追寻，不忘初心——纪念中国工农红军长征胜利 80 周年主题阅读活动信息，动员广大师生积极参与，忆往昔长征精神，克服一切困难奋勇前进，对大学生的思想政治的宣传发挥了一定的积极作用。

近几年，以校园为主体的门户网站和论坛正在不断地趋于完善，是大学生了解所在高校信息、社会新闻的权威窗口，校园网络平台推广的各类信息与活动都对大学生知行产生或多或少的影响，在传播正确的思想信息方面起到了一定的引导作用。网络课程是继校园网之后新兴起的一种教育模式，主要以微课、翻转课堂、慕课（MOOC）为主体展开的教育活动，在思想政治教育学科领域也掀起了不小的风波，思想政治理论课也逐渐在网络课程中出现，并迅速吸引了学生的注意。众所周知，思想政治理论课是每个大学生的必修课程，在所有学科中的重要程度不言而喻。通过学习每个大学生都能具备符合社会时代发展的思想素养和政治素养。学科内容科学性很强，特别是马克思主义基本原理，大学生普遍反映内容抽象、枯燥，当这些学科知识以视频、图片、音频的形式跃入大学生眼帘时，对于未知世界好奇的大学生来说，切中要害地抓住了他们的兴趣点，重新燃起了他们的求知欲。例如，北京大学、上海复旦大学"慕课"形式的"思想道德与法治"在全国打响了第一枪，来自北京、上海、江西、湖北等地的近 5000 名大学生收看了该视频的在线直播。随之各慕课平台、校园网络平台相继推出思想政治学科的网络课程，从一定程度上调动了大学生学习思想政治的积极性。

五、高校"互联网＋"思政的功能特点

（一）引领功能

网络思想政治教育是将思想政治理论的教育内容同现代化的科学技术手段相

结合的产物，先进的思想网络政治教育不仅实现了教育方式的创新，也因为学生对新鲜事物的关注和兴趣，也吸引着大学生的注意。如何利用好网络思想政治教育，有效实现网络思想政治教育的引导功能，成为思政工作者的重要方向。积极向上的网络信息可以对大学生起到指导和激励的作用，让大学生能够在潜移默化的过程中，规范自身的行为举止，创新日常的思维方式，紧跟时代发展的潮流，能够以饱满的热情和乐观的态度去面对已知或者未知的挑战，实现自身的飞跃和发展。

（二）聚合功能

大学生群体是社会中的特殊群体，自身数量庞大，而且由于学习和成长环境的差异，大学生群体之间的爱好和能力等方面也各有不同。随着网络环境的发展壮大以及学生群体自身的特点，现代大学生在浏览网络信息时，更加倾向于文体娱乐新闻、国内外热门资讯及自身较为感兴趣的话题。大学生可以通过贴吧、微信、微博、QQ 等各类媒体平台对许多网络的热点问题来表达自己的看法并同他人进行探讨。在这一过程中，学生往往会形成自己的价值观念。网络思想政治教育要充分利用网络的聚合功能，帮助大学生明确思路和问题关键，形成正确的思想观念。

（三）内化功能

内化功能是指在某个过程中，在他人的帮助或者其他社会因素的作用下，把外在的社会要求转变成为自身内在的个体意识的过程。思想政治教育的内化功能旨在引导学生认可正确的价值观念，并将这种价值观念逐渐转变成为自身的行为依据。网络对人的影响是潜移默化的，正确的网络资源和信息引导能够为大学生指明方向和道路，迎合现实发展的需要。因此，我们要加强思想政治教育的新阵地，把握网络思想政治教育的发展现状和趋势，及时同学生沟通，让思想政治教育有实践的基础，丰富思想政治教育的内容和方式，让正确的荣辱观和价值观内化为学生精神层面发展的强大动力，继而鼓励大学生不忘初心、砥砺前行，为实现社会的和谐发展、国家的繁荣富强和民族的伟大复兴而不断奋斗。

（四）干预功能

网络作为人们浏览信息和发布观点的平台，反映着人们的情感和思想状况，突出了人们的取向和偏好。通过观察大学生中讨论度较高的网络内容和信息，了解其来源和传播机制。能够及时掌握大学生针对相关问题的看法和观点。思政教育工作者通过及时的思想政治教育，利用可利用的各项资源，将潜在的冲突矛盾和威胁扼杀在萌芽初期。由此可见，网络思想政治教育的合理引导和发展能够推动高校的发展，实现社会的稳定发展，确保马克思主义意识形态的主导地位。

第二节 “互联网 +”对高校思政教育的影响

一、互联网给当代大学生带来的影响

（一）互联网对大学生政治信仰的影响

1. 对马克思主义认知趋向简单化

互联网时代最显著的特征就是信息的海量传播，大学生每天都要接受丰富且复杂的各种信息。在政治信仰方面，受到这些信息的影响，大学生的政治信仰受到了严峻的考验，那些来自西方价值观念、宗教观念、形形色色的各种主义都冲击着马克思主义的主导地位

事实上，许多大学生都没有认真仔细地读过马克思主义经典著作，即使有些学生读过，要么是一知半解，要么是翻翻而已，不能够真正地理解其真理性和价值取向，更谈不上在实践中运用了。还有一些大学生承认马克思主义是最崇高的信仰，但这种信仰只是马克思主义经典著作里的抽象理想，并不能给他们带来最直接最实际的物质利益，所以也就不准备将其运用到自己的实际生活当中去，来指导自己的人生。这样，马克思主义就只能是书本上的马克思主义，成为一些条条框框和僵死的说教，学生没有兴趣深入地学习和理解，把博大精深的马克思主义简单化了。

与此同时，英美等发达国家正在不遗余力地利用互联网向全世界输送着他们的价值观和政治信仰，展示和宣扬着他们的生活方式。在我国大学生马克思主义认知简单化的背景下，西方国家宣传的力度越强、范围越广，对他们造成的冲击就越大，对他们形成和确立马克思主义信仰的危害也就越严重。值得注意的是，近年来一些宗教性社团也在校园内进行渗透传教活动，再加上通过互联网的传播，不知不觉地改变着大学生的思想价值观念，使其失去了对马克思主义信仰追求的思想基础和精神动力。

2. 对社会主义信念逐渐模糊

大学生是实现中华民族复兴的中坚力量，是中国走社会主义道路的拥护者和践行者，作用不可估量。但在现实中，却有部分大学生缺乏政治责任意识，注重索取而忽视奉献，尤其在网络日益发达的社会背景下，他们崇尚个性与自我，信奉个人主义、拜金主义等，忘记了自己的社会责任和历史担当，社会主义信念模糊不清。

在教学实践和调查中可以发现，有一小部分大学生并不赞同中国走社会主义道路，还有的大学生认为中国走不走社会主义道路与己无关，这种情况是极为严重的，不仅说明有些大学生缺乏政治信仰，更说明了他们的社会主义信念严重缺乏。在访谈中，我们提出了为什么有些大学生社会主义信念缺乏的问题，有的大学生认为社会主义并不能影响到自己的日常生活，在学校这座“象牙塔”中，如温室的花朵一般不被外界影响；有的大学生认为网络上获得的负面信息与正面信息不成比例，大量的负面信息动摇了大学生的社会主义信念，变得越来越消极；有的大学生与当前社会实际联系起来，特别是与那些事关大学生生存和发展的社会问题联系起来，比如就业难、高房价等，在他们看来，社会本来应该是越来越走向公平的，但在显示社会中，自己所获得的与自己所付出的并不对等，无论自己如何奋斗，都拼不过“富二代”和“官二代”，从而对社会主义失去了信心。我们认为，出现这样的情形并不能单纯地责怪大学生，而是要做出客观理性的分析。网络的力量和作用的确非常之大，我们要学会适应这个新的时代，学会驾驭和运用网络，向大学生宣传社会主义理论知识，引导他们确立正确的思想观念，还要竭尽全力为他们排忧解难，让他们在生活中得到本应该属于他们的东西，切实地体会到社会主义制度的优越性，到那时，种种不良的思想观念就会被现实打的烟消云散了，大学生自然会对社会主义充满希望和热情。

3. 入党动机变得功利化

中国共产党人的政治信仰是共产主义信仰。在互联网时代，网络信息的飞速发展加快了人们的生活节奏，大学生为了适应这种环境，必须要有一些“硬性条件”，入党动机趋向功利化就是在这样的背景下产生的。

在调查和访谈中，当问到实现中华民族伟大复兴必须坚持中国共产党的领导这一问题时，有部分学生持非常消极的看法。他们认为，自己把自己的事情处理好就行了，国家大事不是自己要关心的事情，中华民族伟大复兴的理想对于还没有进入社会的大学生来讲太遥远了。也有大学生认为，一直以来相信和坚持中国共产党的领导，但社会却依然存在着一些不公平待遇，至于实现共产主义更是遥不可及的事情，对它没有兴趣，由此也动摇了对中国共产党的信任。从大学生入党动机方面我们也可以看到，相当一部分学生入党是为了解决现实生活中的实际利益问题，仅有一小部分人是为了为人民服务，这个比例非常之低了。更多的大学生是为了未来自己的发展着想，并不是单纯地为了信仰马克思主义，实现共产主义而加入中国共产党，功利化倾向非常明显。

总之，“互联网+”环境对当代大学生政治信仰教育有优势也有劣势。

首先，教育资源整合。大学生思政教育内容多为理论知识，实践案例、分析资料相对较少，加之政治知识相对较为抽象，削减学生学习与理解综合能效，影响思政教育事业良性发展，“互联网+”环境下充斥丰富多样的政治教育资源，教师可依据政治信仰教育需求，合理整合教育资源，弥补教材缺陷，使政治信仰教育内容更为丰富，政治信仰内涵更为立体，为提高学生政治素养奠定基础。其次，教学方法创新。IT技术与教育融合，是“互联网+”环境下教育教学实践必由之路，为此教师可以运用IT技术创新政治信仰教育手段，引导学生更好理解政治信仰内涵，从心里接受政治信仰，如教师可以利用多媒体手段，用图片、视频、音频等形式转化政治知识表现形式，用学生期待的形式开展教学实践，推动政治信仰教育朝着信息化、数字化、创新化方向发展，凸显“互联网+”环境下当代大学生政治信仰教育优势。

互联网是一把“双刃剑”，在彰显国家政治魅力、体现中国特色社会主义核心理念的同时，在网络开放的环境下，大学生可以听到许多不同的声音，这些声音可能会侵蚀学生政治信仰根基，改变学生对政治理念的固有认知，并影响学生对本国政治的接受与理解程度，容易瓦解学生政治信仰，无法提高自身核心素养。为此，教师需直面“互联网+”环境下形成的政治信仰教育阻力，引导学生用辩证唯物主义审慎分析客观事物及现象，科学分析本国政治信仰，为培养学生政治素养奠定基础。

（二）“互联网+”时代大学生的认知特点

1. 价值取向多元化

在互联网高度发达的当下，大学生群体面临海量信息的轰炸，各种各样价值观的碰撞对于何为“善”的理解迥若天壤。在此情境下，正处在价值观成型关键期的大学生群体整体呈现价值取向多元化特点，有小部分甚至坠入相对主义和虚无主义陷阱，即认为一切选择都是成立的，或者价值观本身根本不重要。由此可见，价值取向的多元化现已成为高校思政教育工作亟待解决的重大课题。因此，高校教育工作者要在学生中牢固树立马克思主义价值观。

2. 信息汲取碎片化

互联网时代的另一个重要特点是信息的提供方式高度碎片化和娱乐化。人们对时势的感知及对知识的汲取越来越依赖于微博、微信公众号等短篇幅文本。很多媒体利用这种趋势研究如何用更短、更娱乐的形式和内容吸引用户。而思政教育是诉诸繁复而周延的理论解释，以达成对复杂社会的整体理解，这与碎片化、娱乐化趋势背道而驰，因此对大学生群体的吸引力大减。

3. 观念意见两极化

正如很多评论者指出的那样，与价值取向多元化相同步的是，评价在具体事件中呈现出越来越两极化的趋势，且这两种趋势既相悖又统一。在互联网时代的众声喧哗中，这两种极端评价的声音显示出较大分贝。这在事实上取消了真正的分析和讨论的空间，对于最易受到同侪压力影响的大学生群体来说，这种现象最为常见。面对具体问题立场为先，意见领袖的表现至为关键。这一特点提示我们在思政教育工作中务必要重视对学生意见领袖的吸收和培养。

（三）“互联网 +”时代大学生思政教育的新形势

1. 互联网是我们面临的最大变量

对于思想政治理论教育工作者而言，互联网是我们所要面临的最大变量。变量是指我们所面对的形势变动不居、千变万化，其中既有机遇也有挑战。

互联网给大学生政治信仰带来的机遇表现主要有以下两方面。第一，互联网让大学生政治信仰教育由封闭走向开放。传统的大学生政治信仰教育是在教室里进行的，教师是教育的主导者，学生是教育对象，一切知识皆由教师通过讲授的方式灌输给学生，并且这些知识无须质疑，是真理性的表达。而在网络条件下，这种教育模式被颠覆了。打破了教师对知识的垄断，让政治信仰的教育从封闭的教室走向无限宽广的网络天地。第二，互联网加速了大学生政治信仰自我教育和进化的能力。传统教育模式下，政治教育活动滞后于日新月异的社会发展，教学内容陈旧，方法老套而低效，几乎不能够培养出适应时代发展和满足社会需求的优秀大学生，导致这种状况出现的原因主要在于旧有的教育模式对大学生的封闭和束缚。网络的出现，敲开了大学生政治信仰教育的大门，也敲开了大学生思想的大门，提高了他们的学习能力，加速了他们自我教育和进化的能力，这一转变对于培养优秀大学生意义重大。

同时，互联网时代大学生政治信仰教育也面临着挑战，首先，互联网打破了时空界限，原有的那种现实的教育场景不存在了，教师不再是政治信仰教育的主要发动者和直接实施者了，转而进入了虚拟空间，人与人之间的现实距离变为了网络距离，看似很近，实际很远。这非常容易引发信任危机和人格障碍，而大学生对这些又不一定能够完全了解和把握，给政治信仰教育带来了困难。其次，网络政治信仰教育主体性特征的羁绊。前面我们已经讲到，互联网的传播方式是去中心化的，每一个人都可以成为中心，人的主体性凸显出来了。大学生在接受网络政治信仰教育的时候与教师处于同等地位，可以平等自由地发表自己的意见，可以随意地寻找交流倾诉的对象，这些看似正常的行为有时候会走向反面，使大学生产生了强烈的自我表现欲望，过分追求个人权利和绝对自由，价值观念自我化，人生理想庸俗化，完全不利于政治信仰教育活动的正常开展。

2. 互联网是赢得青年大学生的主阵地

党和国家领导人非常重视赢得青年的工作。网络已经融入大学生的生活当中了，我们赢得青年的主战场也由现实课堂转向了互联网，正如习近平总书记所讲，首先，要教育青年大学生确立正确的价值取向，因为它决定了整个社会的价值取向；其次，强调青年要从自我做起，特别是在网络世界里，要以社会主义核心价值观为基本原则，遵纪守法，恪守网络道德，扎扎实实地将自己的价值理想和政治信仰确立起来。

二、互联网给高校思政工作带来的影响

互联网是一种具有强大力量和速度的虚拟物体，它的出现创造了一种新的社会组织形式，也就是大众所讲的“网络社会”。如今，互联网进入飞速发展的时期，并以一种飞快的速度渗透到各个行业，特别是教育事业。网络对传统的教育模式提出了新的挑战，也为人才培养提供了新的载体、平台和巨大的信息资源。互联网被引入教育事业，在很大程度上颠覆了原有的教学理念以及方式，对高校各方面的工作都有所影响，尤其是互联网给高校思政工作带来了巨大的影响，主要表现为以下几点。

（一）互联网促进高校思想政治工作的转型与发展

互联网的兴起，信息高速开放、多元、共享、互通，使得高校思政工作不得不进行转型与发展，这是一种时代诉求，否则将会被时代所淘汰，难以实现思政工作的长久性。实际上，在高校的思政工作中，互联网已经无处不在，借助互联网可以很好地对学生的实际状态进行记录，同时还能够收集学生的数据，并根据

大数据分析，更好地因材施教、解决学生的思想问题，打通思政工作的全新渠道。高校将思政工作呈现到互联网上，也将最大限度地实现师生之间的便捷双向交流、资源共享、数据利用与互通，增进思政工作的“施与受”的良性互动。

（二）互联网推动思想政治教学结构的根本性变革

原本高校思政工作的主要角色偏重于教师，这虽然不是一个缺点，但是在进入“自媒体”时代后，学生的个性多元化，思政工作若不与时俱进地进行转型调整，将不利于思政工作的长久性发展。在互联网思维下，思政工作应转换角度，把学生作为核心主体，在互联网的环境中充分地表达学生的心声，真实地反映学生的内心，这样有利于教师进行有针对性的指导教育。另外，在互联网思维下开展思政工作，能够很好地释放学生的个性，有利于学生的专业化发展，并以润物无声的方式帮助学生形成良好的社会主义核心价值观。

（三）互联网提升高校思政教育力度与影响力

从另一个角度上来讲，互联网也可以促进高校思政发展，一方面，增加了思政宣传渠道、教育渠道，扩大了思政影响力；另一方面，便于学生与时俱进地接受新型思政，初步实现学校思政工作的目的，提高思政工作的效率。在新时期高校思政的转型与发展中，互联网思维具有非常重要的指导性意义，是全面切实推动高校思政的转型与发展的引擎。

总之，互联网思维对于高校思政工作具有非常重要的理论和现实意义，为了更好地开展思政工作，就必须在互联网时代背景下，以互联网思维为指引进行高校思政的转型与发展，逐步构建“智慧德育”新格局。

三、“互联网 +”时代高校思政教育面临的挑战

（一）思想政治课程教学方面

1. 思政教学的引导方向遭到冲击

一直以来，高校思想政治教育以马克思主义为核心，致力于培养学生的科学发展观，引导学生自觉提升道德品质，同时有效培养学生的社会主义核心价值观。但是，在互联网迅猛发展的时代，各种媒体如雨后春笋般诞生和成长，甚至成为社会信息传播和交流的主要阵地。特别是近些年来自媒体的发展，不仅拓宽了个体获取信息的渠道，也拓宽了个体传播信息的渠道。在这种信息社会的态势中，

任何具有基本信息技术应用能力的人都有舆论产生和传播的条件，每个人都可以自由地发表观点，这在一定程度上弱化了思想政治教育中的核心，导致思想政治教学的引导方向遭到冲击。在多种言论、不同价值观的影响，给大学生的价值取向造成干扰，特别是一些社会负面信息的传播，很容易使大学生对社会现状产生不满情绪，这不利于学生政治信仰的树立和正确价值观的培养。

2. 思想政治课程教学资源落后

在网络出现以前，我们生活在一个更加朴实和“真实”的社会中，就以获取信息来说，除了广播、电视等渠道，我们基本上是借助书籍、报纸等载体。同样，教育教学也是如此，教材、黑板就是知识传播的媒介，就是学生获取信息的主要来源。当我们走出这种局面，迎来网络时代，就会发现以往那种信息传递的手段给我们的生产生活带来的局限性。

互联网时代的到来，使很多传统行业焕发了新的生机，其中对教育行业的改变尤为明显。在互联网的大局势下，课堂形式更新了，教学方法改进了，教学资源更加丰富了，教师和学生的热情也更加高涨了，一切呈现出一种欣欣向荣的局面来。但是，回到现实，我们对“互联网+”教育的态度不能过于乐观。可以发现，尽管有互联网的支持，但是一些高校、一些教师却并不懂得互联网资源的合理利用。一些教师在思想政治课程上依然照本宣科，复述着课本上的甚至学生中学就已经学习过的理论知识，并以陈旧的案例为学生讲解，严重降低了学生的积极性。所以说，在互联网时代，思想政治课程教学面临的一大挑战依然是教学资源的贫瘠和落后，这是需要广大教育者重点关注的问题。

（二）教师方面

1. 思想政治教师职能弱化

在新时期，很多高校落实师生双主体的教学理念，也就是说教师和学生都处于主体地位，要同时重视教师和学生的发展。所以在分析互联网时代思政教学面临的挑战性时，我们还要重点从教师的角度进行考虑。

在现阶段，互联网技术迅猛发展，有效推动了思想政治教学方法的改革和创新。高等院校思想政治教师有效利用互联网技术，达到降低教学难度，增强课堂教学趣味性的效果。教师还可以通过建立、运营专门微信公众号或是录制公开课视频等方法，对学生进行更有效、便捷的线上教学。互联网的实时性、开放性、共享性和互动性能让教师实时跟踪学生的动态，及时了解学生对知识的掌握情况，使教育更有针对性，亦为教学效果评估提供了便捷。但“互联网+”教学模式打破了以往教师对课堂教学的完全垄断，弱化了高等院校思想政治教师在课堂的主体地位，冲击了高等院校思想政治教师的权威性，教师在教学过程中不再处于中心地位，对教学过程掌控不够，造成教学管理松散。

2. 思想政治教师队伍建设落后

思想政治课程建设的内涵不仅仅包含学科本身的建设，还包含学生的建设及教师队伍的建设。但一直以来，高校把重点放在教学改革上，通过教学内容、教学形式的优化以期得到教学效果的提升，最终实现对学生综合素质的提升。在这一过程中忽略了一个十分重要的问题，那就是对教师队伍的建设与提升。高校思想政治教育、学生的生活和学习、教师的工作和学习，这三者之间存在紧密的联系，三者必须追求协同发展，才能获得共同的进步，单单追求某一方面的进步的是不现实的。这也说明，新时期高校思想政治教育对教师的各方面能力和素质提出了新的要求。

作为教师，不仅要具备课程相关知识和技能，具备教育理论和方法，还有具有较高的师德素养，对社会现象要有敏锐的观察力，还要有一定的信息素养和信息技术应用能力，这样才能承担起“互联网 +”高校思政教育的重任。但是，一些高校的思想教师对当前的教育形式没有足够的研究和了解，其本身也并没有完全融入互联网时代，对自身职业定位不准确，缺乏学习意识和能力，缺乏创新观念，难以适应互联网时代教学改革的环境，影响了高校思想政治课程育人价值的体现。总而言之，在“互联网 +”时代，从教师的角度来说，高校思想政治教育面临的一大挑战就是教师队伍的建设十分落后，这一问题必须引起重视。

（三）学生方面

1. 学生思想观念面临更大冲击

一方面，丰富、生动且富有时效性的网络教学资源有利于高等院校思想政治教师指导学生进行有效学习，激发学生学习动力，提升课堂教学质量。另一方面，网络上也存在大量负面不实信息，有些大学生思想尚未成熟，对爆炸式、开放性的多元网络信息缺乏客观分析和精准辨别的能力，容易被负面不实消息混淆视听，导致自身世界观、人生观、价值观的扭曲，冲击理想信念的形成与稳固。

2. 学生主体意识得到提升

“互联网 +”教学模式在思想政治课程堂中的应用让学生摒弃传统的被动学习模式，转而依照个人兴趣爱好对相关知识进行梳理和深度挖掘，从而激发学生学习的主观能动性。“互联网 +”教学模式也使学生的个性得以发展。互联网的隐蔽性让学生愿意通过网络表达自己的真实情感，释放学生对个体发展需求的关切。在思想政治课程教学中，学生主动成为课堂中心，成为真正的学习主体，在课堂教学过程中学生主动参与的意愿更强，独立思考机会增多。然而，很多教师仍习惯于传统的“填鸭式”灌输教学方法。受互联网信息技术新特点影响，作为高校思想政治教师，要积极更新教学理念，加强对教学模式的改革和创新，提高自身专业素养，在教学过程中与学生形成良性互动，这对高等院校思想政治教师而言是必须突破的难题。

四、“互联网 +”时代高校思政教育面临的机遇

（一）开辟了高校思想政治教育的新环境

目前，高校的思想政治教育是依托一定的环境得以实现的，以内部环境为主外部环境为辅的形式，都受到一定的时间或者空间的限制，不可避免产生了一些弊端。随着网络技术不断发展，这种教育环境并不是一成不变的，通过网络新环境就可以进行思想政治教育，建立有效的沟通环境、学习环境、工作环境、信息环境。邓小平同志曾经指出：“政治工作的根本任务、根本的内容没有变，我们的优良传统也还是那一些，但是，时间不同了，条件不同了，对象不同了，因此解决问题的方法也不同”①。新时代不仅对教育教学提出的需求，对于高校思想政治教育工作改革也是一个千载难逢的机会。高校要重视网络思想政治教育的投入与建设，培养出一支高水平的网络思想政治教育队伍，既提高了专业教育者的探究精神，也满足了大学生的个性化需求。

（二）拓展和深化了高校思想政治教育内容

高校传统的思想政治教育内容主要来源是学科教材、政策文件、会议报告、谈话等。表现形式主要以文字、语言为主，大量的以黑白为主色调文字信息，很容易使大学生产生倦怠感，精力投入的程度越来越低，影响了学生的接收效果。而思想政治教育内容以网络的形式呈现出来，给学生一种耳目一新的感觉。不仅仅是借助了信息高速公路，让大学生及时、便利地接收各种思想信息内容，而且以真实图片、传神图画、生动的表情符号、视频、语音等形式使内容更具形象化，使原本的抽象化文字赋予了生活的色彩，更贴近大学生的理解水平。现在，我们

① 邓小平．邓小平文选 [M]．北京：中央文献出版社，1994.

随时都能上网搜索各种思想信息，还包括教材所涉及不到或者不全面的内容，都可以通过网络搜索得到扩展，使学生学习得更为全面与深入。

（三）创建了高校新型师生关系

良好的师生关系也是实施思想政治教育的重要条件，是联系彼此思想和沟通的桥梁，良好的师生关系有益于思想工作的开展，但如今高校思想政治教师与学生的关系并不是很密切。一方面，高校大学生逐年扩招，学生基数很大，决定了思想政治学科的学生流动性也很大，思想政治教师往往同时兼顾几个专业的教育教学工作，由于接触时间有限，一般与学科代表或者是积极主动与自己来往沟通的同学比较熟悉，这些同学在教师与其他学生中间充当纽带的作用，使双方保持微弱的联系。另一方面，教师在学生心目中的高大形象，使学生对教师总有一种肃然起敬的距离感，二者之间很难建立亲密的师生关系。然而，互联网技术的发展为建立良好的师生关系提供了有力平台。通过互联网既可以进行知识的学习与反馈，也可以增加师生间的互动使彼此的感情升温，网络所提供的不单单是平等的互动交流的虚拟空间，学生既可以了解教师的日常生活，反过来教师也可以根据学生的发布的动态掌握他们的思想走势，它在师生心里架起了一座友谊的桥梁，创建一种新型的师生关系。

（四）促进了高校校园网络文化的发展

高校的网络思想政治教育有利于营造积极、健康的思想氛围，有助于高校网络的精神文明建设，促进校园文化的发展。近年来，大学生在网络上发表或转发自己所认同的思想观念，已经形成一定的思想文化氛围，高校要抓紧网络的大旗，以弘扬社会主义核心价值观，引导校园文化的发展方向。保护高校校园的物质文化，提高校园制度文化意识，宣传校园精神文化，增强大学生对校园文化的认同感。以多姿多彩的网络形式吸引大学生的注意力，建立高校自身的校园网络文化理念，引领校园网络文化的主流意识，创建与发展积极向上的校园网络文化。

五、“互联网 +”时代高校思政教育亟须解决的问题

（一）大学生政治信仰问题

1. 网络虚拟世界的幻化性

探讨互联网时代背景下大学生政治信仰问题产生的原因，首先要分析互联网

世界本身，只有对互联网世界有一个较为清晰的认识，才能了解大学生政治信仰问题产生的根本因素，进而找到解决问题的方法。

互联网世界最基本的特性是虚实二重性。也就是说互联网世界既是虚拟性的又是现实性的。我们分析互联网时代大学生政治信仰问题就要基于互联网世界的虚实二重性，这种特性可以分析的维度比较多，我们在此仅就主体和客体维度来分析。互联网世界的主体就是在网络中进行各种活动的人。当然，大学生也包括其中。客体就是网络主体从事各种活动所指向的对象，在我们这里就是指大学生所要形成和确立的政治信仰。

那么，在互联网这个虚拟的世界里主客体的关系又是如何呢？有两种关系，一种是交互，一种是幻化。所谓交互即交往互动。这种交往和互动是在虚拟世界中进行的，表现为戴着面具的呈现和互动，是信息和符号的交流和互动，是在想象中进行的交流和互动。所谓幻化，即对美好事物的幻想。这种幻想是超脱于客观事实之上的，有时候表现为非理性。对于大学生政治信仰出现问题的原因我们首先归结为在虚拟世界里对现实问题的幻化，具体表现为：第一，大学生作为虚拟世界里的主体，他出现在网络里并不一定是以他的真实身份出现的，而是以诸如昵称或虚拟身份出现的，这样就导致我们难以判断这个人的真实身份；第二，大学生在网络里阐述的关于政治信仰的观点有时候不可信，因为我们没有足够的证据证明他说的到底是真还是假，或许是对未来美好社会的向往，也或许只是口头上说说而已；第三，网络信息量非常大，观点非常多，大学生在进行判断的时候不一定是完全理性的，有可能他说的并不是他的真实想法。上述三点的存在，我们可以认为互联网时代大学生政治信仰问题更加复杂，因为其加入了幻化因素。

2. 网络言论的误导

“网络意见领袖”是活跃于网络之中的特殊网民，其作用和影响远远超过了一般网民。网络意见领袖在网络中发挥的功能大体有以下四个方面，一是加工信息。意见领袖会将已经掌握的信息依据自己的知识结构、价值判断、喜好，甚至是特殊目的进行加工整理；二是传播信息。在网络中，要想成为意见领袖必须不断地、大量地发布信息，让人们知道他、认识他、了解他，这其中还涉及意见领袖对信息的操控问题，有利于意见领袖的信息他就发布，不利于他的信息就会阻碍发布。三是干扰信息。有时候意见领袖们并不一定能完全左右信息的发布和传播，那么他就发布其他信息加以干扰，混淆视听，使广大网民难以了解事情的真相。四是引导信息。意见领袖有意识地发布一些具有引导性功能的信息，对网络舆论加以引导。根据以上我们对网络意见领袖的分析，我们认为互联网时代大学生政治信仰出现某些问题，与网络意见领袖息息相关，特别是与少数网络意见领袖的误导有直接的关系。对于大多数大学生来讲，仅仅是一名普通的网民，掌握的信息量根本没办法与网络意见领袖相提并论。当某些意见领袖发布大量信息时，大学生就会不自觉地关注到，有时候还会以意见领袖为榜样，听从他们的观点。如果是有利于大学生政治信仰的言论，那没有关系，但有些言论是极为有害的，会误导大学生政治信仰的形成和确立。

3. 去中心化的网络信息传播方式

去中心化是一个网络传播学术语，是指节点与节点之间的影响，会通过网络而形成非线性因果关系。这种开放式、扁平化、平等性的系统现象或结构，我们称之为去中心化。它既是一种网络结构，也是一种网络存在方式。主要有以下四个特征：首先，在一个网络系统中，存在着诸多节点，这些节点又是高度自治的，主观能动性非常之强，他们之间可以相互自由连接，形成一个全新的单元或小型系统；其次，节点和节点之间会产生影响，但这种影响不是控制性的，而是开放和平等式的，不存在谁管制谁的问题，非常自由；第三，要准确理解去中心化的含义，去中心化并不是把中心去掉，或者说是中心不存在，而是指中心的自由化，由节点自己来选择中心，甚至节点本身就是中心，此时的中心是由节点来决定，中心离开节点将不复存在；第四，具体到互联网中，每一个网民都是一个极为微小而独立的节点，每一个网民也就是一个独立的中心，并且不具有强制性。这样，整个网络的结构就更加扁平化和多元化了。

依据上述理论我们来考察一下互联网时代大学生政治信仰问题。毫无疑问，在网络当中，每一个大学生都是一个微小而独立的节点，不会受到他人的管制，特别是在虚拟状态下更是如此。他们可以与任何人或网络组织发生关系，尽管说这种关系不是控制性的，但肯定会受到他们的影响，如果说对方具有积极向上的政治信仰的话，无形中会对大学生政治信仰的形成产生正面影响作用，反之则会起到危害作用。还有，每一个节点即大学生自我就是一个中心，这个中心在虚拟世界里有可能根本就不被人们所重视，或许连学生自己都没有意识到，自己就是一个虚拟世界的中心，导致的结果就是对自我政治信仰的形成处于一种全然不知的状态，这也部分地说明了我们在调研过程中有些大学生并不知道什么是信仰和自己究竟信仰什么。这个后果是可怕的，成千上万个独立的网络主体存在于网络世界中，根本没有意识到自己应该有科学的政治信仰，别人也不容易发现他们，最终的结果就是大学生政治信仰的缺失和危机。

（二）教学理论与实践的问题

1. 教育理念方面

思想政治教育学科与其他人文学科相比较的确是一个年轻的学科，它经过30余年的发展形成了一套逐渐成熟的学科理论与实践，然而受科学技术发展的影响，思想政治教育学科也开始逐渐丰富其理念与方法，来适应客观环境变化的需要，以总结多年实践工作经验来校正理念，实践效果好的教育理念会得到保留推广到全国，实践效果不好的理念会自然排除。思政从实践到理念的概括相对科技对环境的变化速度显得较慢，没能跟进完善思政的教育理念，总体来看思政学科的教育理念革新力度不大。比如，习近平总书记在全国思政会议和全国教育大会分别指出，“要运用新媒体新技术使工作活起来，推动思想政治工作传统优势同信息技术高度融合，增强时代感和吸引力”①。

互联网时代对大学生思政教育产生了革命性的影响，主要表现在思政工作者对网络思政的革新认识不足，在主观意识方面产生严重的滞后性。由思政工作者搭建的思想政治教育网站是开展网络思政工作的重要阵地，建设的目的是通过网站实现育人作用，但是在使用的过程中出现了偏差，思政网站的负责人往往都是从部门工作角度出发，发布专题工作通知或有关学生工作通报，提醒院系学生工作人员关注、点击，受众人群从大学生扩大到院系学生工作人员，有的思政网站彻底成为院系学生工作人员领取任务的工作平台，而且思政工作者已经习惯了网上发布代替会议的工作方式，忽略了网站服务的主要对象应该是大学生群体，为大学生教育与服务提供可点击的网络平台，实现有力结合、全面覆盖、灵活交互的效果。另外，具有许多年传统思政教育熏陶的思政工作者在主观意识上已经基本成形，再经多年实践也已总结出自己特有的经验方法，要让思政工作者主观意识较快接受大数据思维，改变传统的思维定式，把新思维模式融入自己的工作中，这是需要一段时间才能做到的。

2. 教育实践方面

在高校思想政治工作者中，辅导员和高等院校思想政治教师是实施教育的主要力量，是大学生在校园学习生活中接触最多的人。随着近几年国家对辅导员和高等院校思想政治教师的高度重视，出台了《高等学校辅导员职业能力标准（暂行）》，召开了全国思政会议、全国教育大会和学校思想政治理论课教师座谈会，以上所列会议明确提出了政治要求，在教育实践中要坚定政治信仰、政治方向、

① 习近平．习近平谈治国理政（第二卷）[M]．北京：外文出版社，2017．

政治立场，提高政治能力，保持政治定力，对所从事的育人职业应该饱含崇高的敬意，应该以深厚情怀跳出自我，以大视野大格局奉献于伟大的教育事业，经过几十年的努力，成功形成了我国特有的教育实践模式。然而，有的高校个别辅导员和思想政治教师对自己本职工作的满意度降低，受不良思潮影响出现了理想信念不坚定、消极情绪放大，特别是在实践中出现不当言行，导致大学生对思想政治教育的接受度降低，使思政工作难以达到预期的效果。辅导员和思想政治教师在大数据时代，没能把大数据技术与思政教育做到真正结合，仍然习惯于传统的思政教育方法或者是依赖传统的课程讲授方式，不愿转变尝试较新的教育实践方式。对于网络思政需要的数据挖掘能力、数据实证分析能力以及具备专业的知识素养，这些要求对辅导员和高等院校思想政治教师产生了很大的挑战。利用大数据技术与大学生的互动更加便捷，然而高频率的互动却成为一些思政教育工作者的工作负担，因为过去经常是“1 对多人”的灌输式教育，很多话只需要说一遍就可以达到效果，当前就需要“1 对 1”或者是小众的氛围，一句话可能要说到很多遍，或者一条消息要转发很多条，如果因人而异的话，传播的信息量就增加到很多倍，如果再有互动反馈，那么思政工作的时间精力就会被限制住。这种表象就是缺少大数据现代化的手段，不愿主动革新大学生网络思政工作方式，特别是缺少实践互动性的路径，自然使自身的思政工作陷入被动状态。当得知自己带的学生出现网上高利贷问题，没有选择只能充当消防员的角色，缺少事前的预防，无奈选择事后的救助，导致高利贷成为学生难以跳出的巨大困境。还有面对大学生盲目过西方节日，忽略中国传统文化节日，思政教育工作者没有主动营造传统节日文化氛围，使优秀传统文化起到引导效果。

3. 机制保障方面

从国家到地方对网络思政都给予了高度关注，然而大数据时代网络思政却没有专门的政策法规。虽然国家出台了许多专项工作的意见和通知，这些意见和通知都是针对一些具体问题和现象而出台的，不能包揽当前的新问题、新现象，至今我国还没有出台一套适应大数据时代网络思政的机制保障，暴露出我国高校大数据网络思政的薄弱环节。在大数据相关立法方面，国家、省级两级人大也没有研究制定相关法律法规，应对大数据时代带来的挑战和问题采取必要的措施，对数据挖掘、使用、保护等方面给予指导说明，使大数据的发展与社会发展、教育发展、思政工作发展融合成一个健康、安全、持续的业态。

高等院校作为大学生网络思政机制保障的前沿地带，仍有部分大学没出台相关的机制保障措施，没对大数据隐私保护开展专门的研究，有的高校还出现滥用大学生数据现象引发校园冲突。在工作中经常看见为了能对大学生思想行为进行准确预测，思政教育工作者没能提前进行数据研究设计前提下，就开始为了采集而采集，采集数据后又缺少保密意识，没有及时制定严格的保密措施，造成个别大学生的隐私信息泄露，受到社会不法分子的蛊惑，错误引导大学生通过非法手段牟取暴利，最终逼迫大学生走向犯罪的道路。接触数据较多的主要学生干部也存在泄漏大学生数据的可能，为了玩一个游戏，可以用班级里的多名学生身份证号注册网络游戏，使不知情注册的大学生成为商家电话骚扰的主要对象，打扰他们正常的学习生活，导致学生家长对学校产生不信任。另一方面，大学生关联数据的比重增大，比如，大学生一卡通关联着寝室出入、洗浴记录、上网时间、消费记录及大学生违纪处分解除等数据情况，以上提及关联的数据对大学生成长的发展形成了一种评价式的导向，还涉及大学生隐私泄露的巨大隐患。我国网络技术发展起步较晚，核心技术仍掌握在西方发达国家手里，我们对数据的保护在不断加强，但是距离西方发达国家水平还是有一定差距，从目前来看，为大学生搭建一个数据安全屏障的目标对于国内高等院校来说任重道远。

第三节 “互联网 +”时代高校思政教育的原则和方法

一、“互联网 +”背景下高校思想政治教育原则

（一）主体性原则

在互联网时代，教师和学生都是主体，二者之间存在交互性关系。直白来讲，如果一个教学情境是教师构建的，那么在此情境中，教师是实施教育的主体，学生是接受知识和信息的客体。另一种情况，如果某一情境是学生自己构建的，那么学生是主动学习的主体，也是自我教育的主体，教师则扮演辅助的角色。所以说，在思想政治教学中，教师和学生保持着这样一种互动的关系，而且传统教育模式中，教师始终是教学的主体，学生始终是受教的主体，但在“互联网 + 教育”模式中，师生之间的主体关系是变化的，这极大地提升了课堂的灵活性和开放性，也促进了大学生主体意识的形成。

在此，我们还要对一个问题进行更深层次的分析和论述，那就是为什么要提升大学生的主体意识。一方面，我国基础教育的发展并不完善，其中还存在很多

弊端，比如教学观念落后、教学模式死板、教学目的功利性强、忽视学生的素质提升和全面发展等等。虽说在课程改革的推动下基础教育的质量在很大程度上得到了改善和提升，但是当今大学生还是难免受到基础教育一些弊端的影响，他们从高中走进大学，也带来了很多之前遗留的观念和习惯。比如，在课堂上，学生依旧意识不到自己是课堂的主人，习惯被动地接受知识灌输，不敢主动提出问题和想法，甚至学习的目的也是以达到考核标准为主。在这种观念下，让学生追求自身的全面发展几乎是不可能的，所以大学教育要着重培养学生的主体意识，树立学生自我发展的观念，让学生做学习的主人。

因此，在“互联网 +”思想政治教育中，作为思想政治教师，必须始终坚持主体性原则，了解大学生主体性发展的特点，鼓励大学生主体意识行动的发挥，满足大学生的需求，促进大学生的全面发展。

（二）疏导性原则

在“互联网 +”思想政治课程教育教学工作中，需要遵守的一条重要原则是——疏导性原则，这一原则体现了思想政治课程教育教学“合目的性”和“合规律性”的统一。

在大学生思想政治课程教育教学中，一个突出的特点就是带有明显的目的性，这种目的性是人主观意识的客观反映，既能体现出当前阶段社会发展的要求，又能体现出国家和人民的需求。“互联网 +”视域下的思想政治课程教育教学工作还体现出目标指向性和价值取向性，要使思想政治教育在多元的网络文化环境中始终占据主导地位，代表正确价值观的形象，要通过正确的网络手段或是渠道对社会舆论进行引导，维护人民的利益，同时还要批判网络上那些庸俗、偏激的思想和观点。与传统的教育环境相比，互联网是一个新开辟出的教育环境，因此将其作为思想政治课程教育教学的新阵地，必定还要去面对和解决很多问题和难点。例如，互联网技术的发展在使得信息传播呈现开放性、去中心化等特点的同时，也使得人们的认知和思维能力突破了边界，在虚拟时空得到了新发展。但网络利弊共存，如何使人们清楚地认识网络技术对其思想行为的影响，如何趋利避害、以我为主、为我所用，如何有效辨别各类信息而不使得自身的思想行为遭到蚕食。再如，网络舆情的把握和舆论危机的应对问题。怎样才能够对网络舆论的发展规律有所了解并采取适当措施对网络舆论加以控制，怎样才能有效应对网络舆论危机。以上都是“互联网 +”思想政治课程教育教学过程中必须考虑和解决的问题，如果不未雨绸缪或是及时解决各项问题，那么互联网与思想政治课程教育教学的融合便不能达到最优效果。因此，“互联网 +”视域下的思想政治课程教育教学工作既要对思政教育本身的强烈目的性加以肯定，又要对网络传播过程中的各种问题加以考虑和解决，把握其中的规律。只有将合目的性和合规律性统一起来，将主导和疏引相结合，才能踏踏实实、一步一个脚印地实现“互联网 +”思想政治课程教育教学的实效。

（三）实践性原则

思想政治课程因其内容呈现出理论性较强的特点，很多学生对该学科确实难以提起兴趣，而且很多教师在思想政治教学中只注重理论知识的讲授，这进一步增加了思想政治课程的枯燥性，难以吸引大学生的学习兴趣。但实际上，思想政治也是一门实践性较强的课程，其中提出的很多理念必须通过实践的方式才能真正被学生理解和应用，正所谓实践出真知。特别是在互联网时代，很多学生沉迷于虚拟世界，对现实世界缺少关注，对现实中的问题缺少深度的思考。因此，在“互联网 + 教育”的教学理念下，高校思想政治教师要加强教学理念的改革和创新，坚持实践性原则，也就是将思想政治的理论与实践进行有机结合。比如，在学习“毛泽东思想与中国特色社会主义理论体系概论”这门课程时，教师可以给学生推荐一些毛泽东的经典著作，让学生通过阅读对毛泽东思想产生更深的理解，并在课堂讨论过程中表达自己的想法。此外，教师也可以安排一些社会实践活动，比如鼓励学生参观革命圣地，如烈士陵园等，并写一写游记和感想。或者教师也可以指导学生合理分组，让学生以“当前大学生政治信仰”为主题展开问卷调查和采访，借此引导学生了解大学生政治信仰的现状，反思自己的思想和行为，从而帮助学生树立崇高的理想信念。通过理论与实践的结合，才能让学生感受到思想政治学习的意义，才能坚定学生的政治信仰，并在此过程中促进学生正确思想观念的形成，引导学生实现知行合一。

（四）方向性原则

无论做任何事情，方向永远是最重要的，坚持正确的方向，才能保证接下来所采取的策略的有效性，才能得到满意的结果。思想政治教学更是如此，必须坚持正确的方向，才能给学生以正确的引领。特别是在“互联网 +”时代，在各类信息的干扰下，思想政治课程的权威性遭受冲击，同时一些不良信息也给学生带来了负面的影响。因此，高校思想政治教师政治教学必须坚持方向性原则，也就是坚持正确的思想导向和政治导向。具体来说，思想政治教学要明确坚持社会主义和共产主义方向，坚持党的基本路线，坚定不移地沿着社会主义的方向发展。

只有坚持正确的方向，思想政治教学才能给学生带来正面的影响，才能实现思想政治课程的育人价值。

二、“互联网 +”时代高校思想政治教育的方法和策略

（一）高校思政课程建设方面

1. 实现校园互联网全覆盖

在互联网普及的时代，高校更应该注意加强智慧校园的建设，尽可能做到互联网的全覆盖，并借助互联网的资源优势推动高校思政工作的有效进行。因此，高校应该加大资金投入，大力推动科技高新型、承载能力高、网络速度快的互联网建设。与此同时，尽可能地在学生走动的区域保证互联网的全覆盖，进而借助有利的网络条件加强思政工作的全天候、全校区的推进，毕竟良好的网络可以为学生进行思政受教提供有力的基础条件。

2. 完善思政工作网络平台

建设高校思政工作网络平台后，还要对其进行完善提升，建议学校可以从如下五个方面进行：第一，学校可以建立完备的思政网络管理机构，对思政工作的网络平台进行维护，保证该平台的正常运行；第二，学校应该加强对高校思政工作网络平台的利用，选择一些对高校思政工作有促进意义的文章或具有正能量的真实事迹加强对学生的素质教育；第三，学校应该安排专职思政人员定期更新网站内容，这样才能够保证学生不会因为内容乏味而失去继续关注下去的兴趣；第四，学校应该严格对平台进行管理，杜绝一切不法行为或是违背道德的行为出现在该平台上；第五，学校应该将思想政治网络平台与学生当下使用的微信、微博等软件进行联通，做到借力用力。高校网络平台建设与管理要与时俱进，不断探索工作的新思路、新方法，始终坚持正确的政治导向，牢牢把握舆论的主导权。

3. 完善“互联网 +”高校思政课程建设保障机制

一是形成有序的思想政治教育管理层面。思想政治课程建设是一项系统性的工程，高校思想政治教育自上而下保持整体协调，才能使思想政治教育处于良性运行状态。学校要将网络思想政治教育纳入高校思想政治教育工作的总体规划，纳入高校思想政治教育的常规管理，尊重学生在网络思想政治教育活动中的主体地位，发挥学生主观能动性，积极打造思想政治教育网络平台。办好思想政治课程，要建立党委统一领导、党政齐抓共管、有关部门各负其责、全社会协同配合的工作格局。从理论到实践落实“马克思主学是第一学院”的目标，对马克思主

义相关学科进行积极扶持、重点培养，将思想政治课程定义为教学重要课程，进一步明确“互联网＋”视域下思想政治课程网络教学建设的重要性，建立以“党委—马克思主义学院—辅导员队伍”为系统的思想政治教育体制，制定相关政策措施为体系建设提供制度保障，真正实现全员育人。

二是为思想政治课程建设提供充足的资金支持、技术支持与人才后备军。高校应设立专项经费，用于改善思想政治课程建设的硬件和软件设施，打造思想政治课程网络优质教学资源体系，为开设思想政治课程的院系和有经验的教师打造精品课程、示范性课程或开展其他试点工作给予资金和技术支持。高校应根据学校专业特色和学生特点，打造线上云课堂、微课堂，并设置专项经费；同时，提高教师充分利用新信息技术、创新多维授课方式的积极性和主动性。学校层面应设立专款专项，出台“互联网＋”思想政治课程人才培养计划，大力推行“走出去”和“引进来”人才培养政策，鼓励教师充满热情地开展网络思想教育，达到以点带面，齐头共进的效果。

三是建立科学合理的思想政治课程系列考评保障机制。根据高校思政课程设置情况，建立和完善合理合情的评价体系，鼓励学院和高等院校思想政治教师开展科研工作、积极参与教学比赛，将相关成果纳入年终考核和职称评定范畴。在思想政治课程教学上，破除以往以科研成果为唯一考评结果的定势，可考虑设置以教学为主的职称考评岗，对参与各级授课比赛和在学生群体中评价较高的优秀高等院校思想政治教师给予职称考评倾斜，规定高等院校思想政治教师职称评比不低于学校职称评比平均值，从而有效唤起思想政治教会的教学积极性和创造的热情。

4. 加强互联网引进高校思政教育的宣传

虽然互联网的普及率高，适用范围广，但这并不能说明互联网在高校思想政治教学工作中能够得到很好的应用。此时，需要大力推进“智慧化校园建设”和“智慧德育”的宣传工作，加大互联网在思政工作中取得教育效果的宣传力度，以便提高教育界对此的重视。此外，还建议高校在进行宣传的同时，通过有效的手段，加强对互联网教育功能和优势呈现，目的是让更多人知道并了解互联网在高校思想政治教育中起到的关键性作用，并支持思想政治教学的转型和创新发展，从而能够形成合力，进一步加强“智慧德育”的建设。

在互联网飞速发展的时代，互联网思维也在不断扩散并且发挥作用，特别是在高等院校思想政治教育方面，互联网思维不仅推动了高校思政工作的转型，还加快了高校思政工作的智慧化发展。在互联网思维下，高校思政的转型与发展具有十分重要的时代意义和战略意义，不仅是高校思政工作的创新化发展，即折射出了“以学为本”的价值取向对传统的“以教为主”的教育理念提出的挑战，更是为网络化生活的大学生提供了一个易于接受的新型受教模式。“智慧德育”模式基于互联网，实现了思政工作“教”与“学”的辩证统一。

5. 实现课程教学模式的转型

互联网时代的到来意味着社会又一次的改革，同时也意味着高校思政工作需要与时俱进地进行转型革新。互联网背景下，高校思政工作应改进原有的教学模式，对课程进行创新改革。当今的思政教学课程需要紧扣互联网思维，融入新的互联网元素，进而进行规划与转型。在这一点上，希望学校能够在课堂上引入互联网，这样既可避免“课堂低头族”的出现，又可通过直接、生动的互联网渠道来实现师生的互动及知识的全新对接，甚至是教学相长的教学新体验。另外，在评价机制上要予以转变，若原有的评价机制不能够很好地反映学生在思想政治方面的表现，可以以互联网思维指引与时俱进的评价机制，更好地反映学生真实的思想政治受教育水平，提升“智慧德育”的评价机制水平。

6. 依托互联网思维追求“个性化”发展

互联网时代是一个有鲜明特性的时代，在互联网思维的影响下，高校思政也应该注意对“个性化”的追求，这样更有利于对学生进行素质教育。学生有着自己独特的个性，对于相同的理念、观点等都有着自己不同的理解，因此，在进行高校思政工作时，要切合大学生的思维特点进行因材施教，教育效果会有很大的提升。尊重受教主体的差异性，是“互联网 + 教育”理念下的一个关键点，也是“智慧德育”模式的“智慧”体现之处。

（二）高校思政教育主体方面

1. 打造一批高质量思想政治课程教材

“互联网 +”背景下一些高等院校思想政治教师和学生倾向于“重网络”而“轻教材”。但我们要认识到，思想政治教材是教学的根本，是教学的依据，只有立足于教材，才能追求教学方法的创新，脱离教材的思想政治课程都是不切实际的。作为思想政治教育工作者，应解放思想、与时俱进，创编一套有理有据、有血有肉、有理论深度又“接地气”的高质量思想政治课程教材。

首先，作为思想政治教育工作者或研究者，在编写教材时，要将习近平新时代中国特色社会主义思想融入其中，并且将其作为核心内容，带领学生重点学习，这有助于学生深刻理解习近平新时代中国特色社会主义思想的精神实质和丰富内涵。并且还要着力解决高校思想政治课程现行教材课程内容较为陈旧等问题，补齐短板、强化弱项，对于加强和改进高校思想政治课程教学工作，切实提高思想政治课程建设质量和水平具有重要意义。

其次，在思想政治教材设计过程中，要在高度和深度中寻找平衡。思想政治课程教材一直围绕“大视角观”和“高理论观”进行规划设计。“大视角观”指引用以马克思和恩格斯为代表的马列主义先驱者们的经典言论。“高理论观”指将党中央历任主要领导人在历次重要会议上的思想观点和讲话报告作为经典论据引用。将“大视角观”和“高理论观”融入现今的案例、经过有序系统归纳，组成思想政治课程教材的基本核心内容。然而教材中引入历届领导人论述的笔墨较重，个别内容出于拔高教材理论说服力的目的存在“为引用而引用”的问题，虽然站在一定政治高度，运用大量学理性话语，拓宽了教材的总体格局，高瞻远瞩，具有一定的权威性和代表性，但有时也脱离了学生的实际理解能力，若突破以往的理念，结合社会现实，将能反映主流思想的普通学者和广大群众的一些有启发性的观点言论和有意义的思想政治教育案例编入教材，可以进一步加深学生的理解，使教材既有深度又有温度。

2. 加强思想政治教师队伍现代化建设

一直以来，我们习惯把教师比喻成灯塔，比喻成园丁，因为他们的指引和浇灌才能换来学生的“茁壮成长”。可以说，人才的培养离不开教师的“高目标，严要求”，而在高校思想政治教育中，思想政治教师的素养，对大学生社会主义核心价值观的形成具有关键性的影响。一个具有正确政治信仰、崇高理想信念、高尚道德情操及丰富扎实的理论知识的教师，才能给学生构建内涵丰富、生动有趣、思想深刻的有价值的课堂，学生才能真正在学习中受益，这体现了教师队伍建设的重要意义。近年来，高校大学生的心理健康问题层出不穷，思想政治教师充分发挥作用是社会的呼声。首先，高校思想政治教师应具有丰富的专业知识，只有专业素质达标才能对学生产生一定的影响。教师要熟练地运用马克思主义方法论解决学生问题，要选择合适的教学内容，扩大学生的知识面。其次，思想政治教师要顺应新形势，改变教学模式，要熟练掌握互联网教学工具的使用方法，使用先进的技术手段开展教学工作。最后，要重视教师学术能力的培养。教师不仅要重视教学效果，也应在学术方面有所作为。要想提高教师的学术能力，可以使教师深化专业知识，学术研究是最能体现教师专业素养的方面之一。

3. 转变教师思维方式，实现课内课外结合

教师授课过程中要结合“互联网+”的时代背景，充分利用互联网带来的便

利，采用课内与课外的教学模式，课内学习相关理论知识，课外利用视频软件学习，通过教师引导与学生自主学习相结合，形成课内、课外学习和现实与虚拟网络有机连接的实践教学模式。首先，要完善课堂内教学方法，实现“讲”“观”“演”结合。高校思想政治课程大多以教师为主导，这种传统的教学模式已经不适应当下的课程需要了，因此应完善教学模式，进行创新。在课程导入环节可以以观看相关的历史视频为切入点，“以史明智”，让学生切实感受到历史人物的影响。教师应根据课堂教学计划，选择合适的教学视频，让学生从精神上认同视频中的人物，充分发挥“榜样人物”的作用。“演”主要体现在教师的学年教学计划中，教师应布置相关的作业，比如安排学生自由组合，在期中或期末排练与课堂教学任务相关的历史话剧，让学生亲身实践，走进历史，感悟历史事件的魅力。其次，要引导学生加强对课外视频与书籍的学习。教师课堂教学过程中讲解的内容较多，出于时间限制对重难点的讲解不充分，部分学生可能难以全面理解和吸收，长此以往，教学的质量就难以得到保证。为此，教师可以充分利用互联网教学工具，发挥工具的作用，录制视频进行重难点的讲解，引导学生在课后进行学习，提高学生自主学习的能力，以保证教学目的的实现。另外，由于学生在书本上学习到的内容有限，因此教师要引导学生阅读相关的历史书籍，丰富学生的知识储备。在选择课外读物时，教师要根据教学目的选择一些对学生有益的书籍。课外视频和书籍的学习可以使学生学习效果得到显著提高，有助于学生思想道德品质的提高。

互联网技术的更新升级速度极快，因此教师在授课过程中要充分利用网络技术，实现高校思政教学模式的创新，唯有如此才能提升思政教学效果，才能帮助大学生全面发展，才能为社会主义事业建设提供高质量的人才。

4. 提升高等院校思想政治教师的综合素养

高校思想政治教师在思想上引领者学生，他们肩负着培养时代新人的重大责任。大学生在“互联网 +”教学模式下，在课堂教学环节中由被动接受的客体转变为积极学习的主体，更加需要教师的有效引导。因此，高等院校思想政治教师必须客观研判“互联网 +”背景下思想政治课程教育教学特点，内化提升自己与时俱进的专业学科素养和教学管理能力，勇于应对信息技术进步带来的各种挑战。

一是创新多维多层次教学形式。学校根据“互联网 +”教学模式特点、学校专业特色、学生特点，结合各门思政课程特点，积极开发网络教学平台，通过理论讲述、实践拓展、线上互动等板块，从学生自身认知和专家学者观点等角度，打造有特色的线上“金课”，构建多维立体的课程体系，以充实教师和学生的教育学习资源，使教与学形式多样化。高等院校思想政治教师要主动将中央政策、时事热点和新闻事件融入教学，利用形式多样的在线学习方式手段，打造出具有专业性、凸显生动性的微信平台，及时进行线上思想政治课程教学，及时传输知识，及时掌握学生的学习动态，实现线下和线上两个平台的优势互补，保证思想政治课程教学平台的平稳运行。

二是建立合理的教学反馈平台。互联网信息技术可以增强教学针对性，随时量化学生的学习动态。教师要利用大数据优势实时跟踪学生的学习轨迹，形成客观完善的学习记录样本，通过样本分析学生对知识结构的掌握情况，精准定位学生在学习过程中的关注点和疑难点，总结不同学习能力层次学生的学习特点，根据不同学生的特点来改进教学策略，落实因材施教的理念，从而有效提升学生的学习能力和教师的教学效果。将大数据的动态结构功能、分析归纳功能、整合优化功能融入思想政治课程的实际教学过程，促使高等院校思想政治教师教学能力的自我革新，培养出高等院校思想政治教师利用大数据的创新型思维。

三是加强师资培训，提高高等院校思想政治教师的综合信息素养。在信息爆炸的时代，提升高校教师素质是高校更好、更快发展的必要条件之一。高校应该对思想政治教师进行信息素养的培训，培训内容可以分为基本信息素养、多媒体信息素养、网络素养、课程整合素养、互联网基本技能，以及高校思政工作的网络宣传技巧、话题设计、高校思政平台的更新与简单维护等。提升思想政治教师的信息素养，打造优秀的高校思想政治教师队伍，为高校思政工作的转型与发展服务，为“智慧德育”模式提供人力资源保障。

5. 发挥学生主体性作用，创新教学模式

坚持教师主导与学生主体的有机统一，思想政治课程才能鲜活。创新高校思政课程教学模式首先应打破传统的教学模式，传统的思政课程教学模式中，教师占据了主导地位，学生主体性较差，“师为尊，生为辅”。当下，高校课程应顺应课程改革的大局势，通过调换学生与教师的主次作用，构建和谐、融洽的师生关系，不仅能缓和师生矛盾，还能提高学生的逻辑思维能力。第一，教师可以充分利用互联网的便利，应用慕课（MOOC）、翻转课堂（FLIP）、移动教学、微课等工具，上课过程中可以采用二维码签到的方式，避免点名占用大量的课程时间。还可以通过网络工具提前布置教学任务，在课堂教学中结合学生遇到的各种问题进行问题的答疑。借助网络工具，教师也能在第一时间获取学生的思想动态，及时进行调整纠正。第二，可以通过设置思政话题关键词为思政教学提供便利。要打造“生于教材，又区别教材”的原创性内容，充分利用网络图片、文字等加深学生对思想政治课程的认识，用鲜明的特色、别具一格的内容形式抓住学生的心，走近学生生活。

6. 关注学生兴趣和需求，落实生本理念

新时代大学生有着鲜明的个性特点，他们富有主见、追求独立、享受自我空间、笃信生而不凡，愿意接受积极主流思想，厚育家国情怀，以奋斗谱写充满挑战的未来。他们利用互联网学习、创业，互联网成了当代大学生日常生活不可或缺的重要组成部分。大学生正处于养成世界观、人生观、价值观的重要阶段，网络上各种复杂思潮交汇，冲击着大学生的思想，由于其对于鱼龙混杂的网络信息缺乏一定的鉴别能力，很容易在一些错误思潮的影响下动摇理想信念。因此，高等院校思想政治教师要紧紧把握“以学生为本”的教育理念，厘清“互联网 +”背景下大学生的思想特性，对症下药开展教育。

“互联网 +”出现以前的教学模式倾向于教师灌输，学生被动接受。“互联网 +”背景下，学生主动获取知识，其主体性地位大大提升。“互联网 +”教学模式的开放性为大学生提供了充实丰富的学习资源，对大学生学习积极性和理想信念的形成既有积极影响也有消极影响，亟须引导学生理性地通过网络汲取知识，保留其中有益的部分，剔除其中无益的部分。因此，高等院校思想政治教师必须落实生本理念，科学研判当代大学生在“互联网 +”背景下呈现的新特点，摒弃传统课堂“大水漫灌”式教学模式，以“互联网 +”背景下学生的关注点、兴趣点、优劣势为目标导向，因势利导，充分尊重学生的主体地位，打造有为又有味的全新思想政治课程教育教学。

第四章 “互联网 +”背景下高校思政课程的构建

高校是对大学生进行思想政治教育工作、提高其思想觉悟、坚定其政治立场的前沿阵地，同时高校学生处于走向社会的起始环节，学生的思想处于快速成熟阶段，学生思想的可塑性较高，良好的思想政治教育工作可起到事半功倍的效果。思想政治理论教学是大学生思想政治教育活动的起点，只有用理论武装了头脑，才能落实到实践中。时代在发展，高校思想政治理论教学也要实现与时俱进，做好教学理念的转变、教学内容的调整、教学方法的优化，只有这样才能确保高校思想政治理论教学的实效，才能保证大学生思想政治教育的实效。首先，要引入多元丰富的教学方法，根据现阶段大学生认知习惯、思维习惯、行为习惯，建立起一套科学适用、形式丰富的思想政治理论教学体系，将多元化的教学方法融入理论教学中，以提高单纯理论教学内容的丰富性和趣味性，刺激学生的学习兴趣。授课教师在教学活动中要注意与学生的互动，使师生能够站在同等立场上就思想政治理论为论点进行有效对话，授课教师则要通过平等对话逐步塑造学生人生观、世界观和价值观。同时授课教师要合理运用现代媒体科技，将多媒体教学手段和传统思想政治理论教学相结合，利用多媒体教学提高教学手段的丰富性，用多样化的教学内容提高教学的趣味性：如教师可以整合网络空间内存在的与教学相关的图文、音视频等内容制作成课件、教学视频等，丰富学生的课上体验，使学生能够真正学进去；其次，高校要强化网络通信平台的运用，开发并利用微信、QQ、校园网等大学生线上交流平台，以消息推送、广播公告等形式将思想政治理论教学延伸到网络空间，实现现实空间和虚拟空间的联动教学，进一步提高教学的时效性。除此之外，思想政治理论教学也需要因材施教，教师应当结合学生的实际情况，有针对、有计划、有目的地实施教学，必要时可在课外时间单独教学，通过“动之以情，晓之以理”的方式引起学生共鸣，使学生能够深刻理解思想政治理论、践行思想政治理论。

本章为“互联网 +”背景下高校思政课程的构建，先对“互联网 +”背景下高校思政教育的内涵进行分析和解读，而后论述“互联网+”背景下高校思政教育体系的构建方法，最后分析“互联网+”背景下高校思政教育队伍的建设。

第一节 “互联网+”背景下高校思政教育的内涵解读

一、我国“互联网+”高校思政教育的发展背景

5G网络是我国主导研发的第五代移动通信网络，比我们现在使用的4G网络传输速度要快10倍以上，可达每8秒1GB的传输速度。随着5G网络的逐渐普及，它将给高校信息化建设带来新的助力，给大学生网络思政智能育人带来新的尝试，给大学生个体或群体网络生活带来新的体验。

（一）网络变革给社会发展带来的影响

我国主导研发的5G移动互联网技术是当前世界最先进的网络通信技术，对比上一代4G技术体现出明显的优势，首先是数据传输速度快，4G速度已给我们带来很好的体验，在此基础上升级后的5G网络的应用可以使数据传输速度更快，提升数据的传输效率。其次是网络的兼容性更强，5G网络的应用可以实现对不同设备的兼容，使设备与5G网络始终保持稳定连接使用。5G引发的网络变革对社会中每一个人在专业素养和综合素质方面也提出了更高的要求，社会中的每一个人不仅要具有专业素养的工作经验，而且要具有综合素质的智力水平和知识结构，并保持终身学习、自觉学习、快速学习的能力，以此适应网络变革带来的影响，促进网络变革下社会发展的进步。

（二）网络变革对高校网络思政的影响

5G移动互联网必然引发新一轮的科技组合，主要由5G移动互联网、大数据、云计算、物联网为代表，势必引发新一轮大学生网络思政的创新发展。网络变革对大学生网络思政的影响变化使大学生网络思政工作快速进入5G时代，过去只能线下解决的内容方式都将转移到线上，线上思政环境紧随大学生学习生活方式的变革。在教育理念方面，整合线上与线下两方面的资源，通过大数据在纷繁复杂的环境中使党的方针政策快速有效地传播到大学生的思想深处。在教育实践方面，打破传统的时间、空间限制，摆脱课堂与学校的两方面的教育的束缚，力求将教育引入学生的生活空间，让学生在课内学习、课外活动、网络交流中实现思

政教育的效果。在机制保障方面，需要学校各级党组织的有效领导和学校思政教育工作者、高等院校思想政治教师及全员形成合作合力，基于对大学生网络生活的理解和大数据技术的掌握，健全完善大学生网络思政的有关政策，使大学生在网上更有存在感、安全感。

二、“互联网 +”高校思想政治教育的思路

互联网对于我们来讲并不陌生，互联网时代最明显的特征就是信息呈现和获取的方式更加多元化，所以“互联网 +”高校思政教育，也可以理解为高校思政的信息化教学。按照表面的认识，思想政治教学信息化，可能是在传统教学的基础上，加入信息技术的元素，或者通俗来讲用计算机等网络设备进行思想政治课程教学。对于这种看法，我们应该持否定态度。思想政治课程信息化不仅代表教学方式的改变，信息化元素的融入也使得思想政治课程的教学目标、教学范围、教学手段，以及教师和学生在思想政治课程教学中担任的角色都发生了巨大变化，思想政治课程不再停留于课本的学习或者知识的灌输，更多地体现在对思想的升华和实践的指导。我们认为，思想政治课程信息化是指充分运用网络信息技术的媒体性、交互性、开放性等特点，通过开发教学资源、探索教学方法等途径全面深化思想政治课程教学改革，拓展思想政治课程教学领域和辐射范围，实现最大限度地开发思想政治课程的育人功能，升华思想政治课程的现实意义。

（一）依托信息技术，推进教学现代化

首先，高校思想政治课程信息化是在以现代信息技术为依托的网络环境下进行的课程教学模式的转变，采用的硬件设施和软件配备均与现代化的信息技术相结合，随着计算机网络技术的不断更新换代，学校用于信息化教学的计算机设备、网络平台系统也处于不断革新的过程。除此之外，以互联网为基础诞生的各种交互式平台、信息共享方式也被纳入思想政治课程教学的范围，成为高等院校思想政治教师了解学生动态、补充教学遗漏、检验教学效果的重要途径。

（二）以学生为主体，实现服务性教学

思想政治课程信息化教学模式下，以往以课本为目标，以教师课堂传授为途径，以高等院校思想政治教师为主体的教学体系被打破，学生变成思想政治课程教学的主体，一切以学生为中心，教师要充分利用各种网络资源和技术平台，全面了解学生的思想动态、兴趣喜好及优势劣势所在，根据学生的个体差异性特征

搜集制作学生感兴趣的学习内容，运用现代的社交、讨论平台深入学生的生活，了解学生的学习效果。在网络的大环境下，教师不再仅仅利用课堂的45分钟灌输理论，而可以利用互联网上的有效资源，选择的过程中就涉及要充分了解学生的学习偏好，思考怎样唤起学生的学习热情，使学生乐于学习且能够学得扎实、学得深刻。学生随时随地可以在学校的平台或者其他交互平台上提问，教师要及时给予关注和解答。互联网实现的交互反馈功能，既给学生开辟了交流学习的通道，也给教师提出了新的任务和要求。

（三）以终身教育为目标，开展深层次教学

由于思想政治课程区别于其他课程的特殊性，以及互联网时代的到来、思想政治课程信息化的进行，将高校大学生的思想修养、价值观念等精神层面的问题凸显出来，如何真正实现思想政治课程的思想政治教育功能，对学生起到终身教育的作用，让思想政治课程的教育效果凸显，而非仅仅表现在一份作业的完成、一次考试的通过。这值得我们深入研究和探讨。

信息化的大环境使教学模式有了新的定义，即在特定的有利环境下展开的针对某门课程、某个领域的教育。由此可以推断，信息化的教学体系中包含了对良好学习情境的营造，这里的学习情境既包括课堂上教学素材的展示、教师的讲解，也包括课堂外教师对实践活动的引导、课程问题的解答、课程效果的检测，甚至包括教师对学生日常生活的了解、对学生生活问题的帮助等。总之，所有有利于学生认识思想政治课程教学的内涵和目的、提高学生对思想政治课程的学习热情、实现思想政治的育人目标的有效行为均被纳入良好学习情境构建的范畴。教师不再是讲台上高高在上的角色，而要和学生充分贴近，在不断地了解学生、服务学生的过程中引导学生、教育学生。这既是思想政治课程教育教学的现实需要，也是开放环境下高校教学的必然发展趋势。

三、“互联网＋”高校思想政治教育的理论基础

（一）马克思主义关于人的全面发展理论

人的全面发展理论就是要摆脱生产力的束缚来实现人的自我解放，其目的是培养全面发展的人。人的全面发展理论对我国思想政治教育工作的开展和研究具有重要的意义。马克思曾言，人的发展不可避免地会受到诸多客观因素的限制，只有通过“全面地发展自己”，才能成为一个真正意义上的完整的人。马克思提

出的这一个观点表述了客观现实条件对于人的全面发展的重要性，这个客观现实条件包括社会经济发展水平、政治环境、个体主观能动性等诸多因素；同时人自身发展的最终目的便是成就人的自我解放，这就需要减弱客观因素的制约，不断提升自我发展能力。

“育人使其成才”作为高校网络思想政治教育的最终目标，其自身的含义本就包含着动态的人的不断的全面发展的历程。网络新媒体技术的发展所给予思想政治教育的新的机会与改变，要求我们做到具体问题具体分析，以实际情况为落脚点，创新和丰富学生喜闻乐见的教育内容和教育形式选择。实施网络思想政治教育的目的和要旨同样是为了实现学生的更好的、更为全面的发展。因此，在互联网信息技术快速发展的时代背景下，为了实现人全面发展的终极目标，不仅仅应该继续优化网络思想政治教育的形式和内容，同时也需要在新形势下丰富和发展、贯彻和践行马克思提出的人的全面发展理论，从而促进大学生群体的成长成才与全面发展。

（二）传播者“把关人”理论

“把关人”理论早先在新闻选择的过程之中得到了广泛的应用，现今发展到网络时代，“把关人”理论面临的条件和情况也发生了巨大的变化。这种改变尤其体现在信息的传播者和信息的受众之间的区分不再明显。因为信息的传播与接收不再受到时间的约束和限制，信息的发布和接收几乎可以同时进行。参与网络空间的人们的身份可以在信息传播者和信息受众两者之间快速地自由地转变。而作为传播者的个体的成长背景、价值观念、思维方式和取向偏好往往都存在着差异，这不可避免地导致了信息传播把关尺度和标准的多样化、非统一化。根据“把关人”理论的相关论述，高校大学生网络思想政治教育的第一道“关卡”应当是网站自身的把关。网站运营者和建设者根据法律法规、道德约束、平台制度等多维度的标准和规范，筛选、过滤网站上的不良信息，保留、推送网站上的有益内容，担当好“第一把关人”的角色。第二道“关卡”也是至关重要的部分即高校思想政治教育工作者的把关。作为直接面对大学生教育客体的思政工作者，应当通过自己的引导和监管，来促使大学生群体接受正向信息宣传，继而提升网络思想政治教育的实施效力。高校大学生群体自身则是高校网络思想政治教育的第三道“关卡”。网络思想政治教育的根本在于人，发展也是为了人。只有大学生自身不断形成正确的价值观念和道德标准，持续提升判断信良莠的能力，有效阻止不良信息的传播，从根本上逐渐减小有害信息对于高校思想政治教育的消极影响。

网络媒介与传统的大众传媒相比所具有的显著优势主要体现在交互性强、信息综合性强、信息传播速度快、形式多元化、方便快捷等方面。从某种程度上来看，网络媒介整合了各类传播媒介的技术，集纳了各类传播媒介的大成，改进了传统媒体的缺陷，突破了传统媒体的局限。但随着网络的迅速普及和网民数量的快速增长，也出现了信息庞杂化、不良信息充斥、信息安全保障不足等诸多弊端。这表明网络媒介的广泛使用，在给予高校大学生网络思想政治教育巨大机会的同时，也带来了严峻的挑战，如果不加以引导和控制，势必会对高校学生群体造成消极影响。高校在利用网络媒介进行思想政治教育的过程中，一定要做到趋利避害、去糟存精。如若想要提升网络媒介的利用程度、发挥网络媒介的潜在作用、完善网络思政教育的内容和形式、增强网络思政教育质量吸引力，就需要高校思想政治教育工作者提高自身素质，发展自身能力，主动地、坚决地把好信息传播的关卡，扮演好、实践好“把关者”“引路人”的重要角色。譬如高校思想政治教育工作者可以通过开通微博、微信等公众平台，关注学生生活、工作、思想变化动态，并积极争取学生粉丝，提高公众平台关注量和影响力，再以大学生群体广泛使用且易于接受的形式和方式，将代表正能量、积极向上、符合社会主义核心价值体系标准的信息和内容推送给他们，潜移默化地发挥思想政治教育的教化和感召作用，并及时有效地与学生进行沟通和交流，获得思想政治教育效果评价反馈，了解学生真正想法和切实需求，提升大学生网络思想政治教育质量和效果。

（三）主体间性理论

主体间性（inter-subjectivity）理论是 20 世纪西方哲学的不可或缺的组成部分，它一改近现代哲学理论固定的主客二分思维范式，转而强调消解主客体对立和主体中心。

“交互主体”观念所阐述和表明的各个主体之间对等互惠、互教互学也逐渐被人们认知和接受，这种关系对于我国新形势新背景下的高校大学生网络思想政治教育工作的实施与研究均具有一定的借鉴和参考意义。

德国著名哲学家胡塞尔经由对主体之间各种关系的探究和分析之后，最早提出“主体间性”，他认为：在主体关系中，包括一个以上的主体，各个主体之间具有一定的联系，并且参与构建关系的这些主体的地位是平等的，他们在与其他主体发生关系的事实上没有差别。[①] 西方学者舒茨、海德格尔、雅斯贝尔斯、哈贝马斯等人以胡塞尔的主体间性理论为基础，运用自身的专业知识在不同的领域

① 胡塞尔．生活世界现象学［M］．上海：上海译文出版社，2017．

阐述、剖析、丰富和发展了主体间性理论。在这之中哈贝马斯创新性地提出主体之间的关系是交往关系存在和发展的重要前提，强调只有主体之间的关系才能算得上相互关系，因为主体间的关系是互动的、双向的，因此才能称为相互关系。

主体间性相关理论对于大学生网络思想政治教育的研究同样具有深刻的借鉴意义。思政教育工作者在思想政治教育工作的开展过程中，需要构建平等的主体间关系，做到以下两个方面：其一，是纠正自身主导意识理念偏差，将大学生同样视为一个交往主体。其二，以平等的态度理解和界定自我主体、大学生主体及两者之间的主体关系。教书育人的过程需要及时有效的沟通和交流，因而具有很强的互动性和双向性。这从本质上来说也是一种交往活动。大学生思想政治教育工作如果想要改变现状谋求新的发展，思政工作者需要深入地理解主体间性的含义，同时广泛地应用主体间性的相关理论，形成平等互惠、互教互学的主体间关系，促进参与思想政治教育工作的各个主体之间平等地无障碍地表达、沟通和互相的理解、一致的实现。在现今网络社会的背景下，凭借众多网络媒介载体，人人都可以主动地发声、表达自己的观点和看法。教师与学生之间同样可以借此跨越传统的固有的观念上的局限，形成一种新型的平等的自由的主体关系，增强网络思想政治教育工作开展过程中师生之间的互动性，促进师生之间有效地沟通和交流。

四、“互联网 +”高校思政教育的主要内容

（一）“互联网 +”高校思想政治课程的参与主体

思想政治课程的信息化首先应该从教学参与主体的信息化做起，即教师和学生的信息化武装，具体来讲，就是教师和学生的信息素质的培养。从学生角度来讲，学生要具备基本的网络知识储备，能够通过现有的各种平台获得所需的资源、完成于教师的反馈交流。从教师的角度来讲，不仅要学会通过利用新的技术整合展示所要传授的内容，还要运用各种信息化方式完成与学生的互动交流，并透过信息化的符号，发现教学中存在的问题和解决办法。

（二）“互联网 +”高校思想政治课程的教学设施

（1）硬件设施

硬件设施包括用于思想政治课程教学的计算机投影仪设备、网络设备、多媒体教室等。硬件设施是思想政治课程信息化的现实物质基础。

（2）软件设施

软件设施包括校园门户网站、校园网络教学平台、思想政治课程资源网站、学生教学信息管理系统、数字图书馆、电子阅览室等。这是思想政治课程信息化的主要平台。

（3）辅助设施

其包括围绕上述硬件、软件设施的正常运作和更新，所配备的信息化人力、物力。这是实现思想政治课程信息化的必要保障。

（三）“互联网 +”高校思想政治课程的展现形式

从最直观的角度出发，思想政治课程信息化将需要传授的内容通过多媒体的形式在各种网页、平台等载体上呈现，课程教学完全依赖书本的时代已成过去式。计算机语言使得我们的所有信息都以符号的形式进行展现，这种符号不一定是字母或数字，多以多媒体的方式呈现，包括文字、文档、图片、音频、视频、动画等多种形式，多媒体的先进技术融入了视觉、听觉等感官系统的元素，让原本枯燥乏味的知识呈现出色彩斑斓、形式各异的状态。教师可以将所要叙述的文字做成 PPT，配以形象的图片，或借助各种形式的视频片段加以说明，学生在欣赏这些教学素材的同时，掌握了其中涵盖的道理和知识，大大提高了学生的积极性。

（四）“互联网 +”高校思想政治课程的交互模式

信息化前提下，学生与教师之间的沟通和交流多以网络形式进行。与传统单一的面对面的语言和肢体交流相对比，思想政治课程信息化过程中，学生与教师之间的信息反馈多通过 E-mail、QQ、微信、网上讨论社区及校园网络平台、思想政治课程教学系统等途径实现。网络实现了教师与学生交流的多样化，以网络为依托形成的交流平台打破了时间、地点的限制，利用大学生喜闻乐见的方式增进与学生之间的深入交流，缩短了学生与教师之间的距离，增进了师生之间的真诚与相互信任，充分调动了学生与教师之间交流的积极性，教师可以随时解决学生在学习、生活、思想方面的困惑，并及时根据学生的实际情况改变和完善教学方案。传统教学过程中的练习、测试等环节也可以通过网络平台进行，充分节约了时间和人力物力。

（五）“互联网 +”高校思想政治课程的实践方式

传统的思想政治课程停留于课堂、书本、考试之中，学校往往注重表层教学目标、教学成绩的实现，而忽略教学实践的开展和考察，思想政治课程信息化有效改变了这一局面。在思想政治课程信息化的教学体系下，教学目标和教学范围发生了改变，思想政治课程的辐射范围增大，教学实践以更加丰富的形式得到广泛开展。用于教学的视频中大多涉及现实社会中的热度话题、时事政治等，这打破了高校思想政治课程教学的封闭性，学生在了解、学习、思考、讨论的过程中，无疑增强了对外界社会的认识，增加了社会实践经验。除此之外，涉及社会经济政治话题的网络讨论、针对现实事件的网络检索和报告、思政课程 PPT 演讲比赛等等，都体现了思想政治课程信息化实践教学的成果。

五、“互联网 +”背景下高校思政工作的困境分析

高校思政工作对于学生和学校而言都是十分重要的。于学生而言，思政工作有利于学生各种观念的形成及能力的提高，对学生以后的发展具有重要的指导性意义。于学校而言，思政工作的进行有利于形成良好的校风，实现学校素质管理，对于学校的长期发展具有重要意义。因此，在“互联网 +”时代背景下，高校应该从实际出发，找出思政工作的不足之处，并在此基础上寻求解决方案。

（一）课堂网络平台覆盖率不高，软件设施滞后

随着网络教育在我国的不断深入推广，网络课堂也加入其中并逐步发展起来。一直以来，教育部鼓励与支持各高校创建思想政治教育慕课、翻转课堂等网络教育平台。部分高校也纷纷响应号召积极投入建设，然而在这种课堂网络平台发展的大浪潮下，很多高校还没有投入到网络课程平台的筹划与建设中。

《高校翻转课堂：现状、成效与挑战——基于实践一线教师的调查》一文中提出，“工学、理学、教育学、管理学、文学网络课程所占比例较大，而哲学类仅占总比重的 3%”[①]。2017 年“学堂在线”中思想政治教育的网络课程为 20 门；而在“中国大学 MOOC”平台中该类课程为 15 门；“易班”中为 13 门，跟所有学科相比所占比重较少。

由此可见，高校思想政治教育课堂网络教学平台建设还处于起步阶段，首先在部分重点高校中建设开展，在全国高校的覆盖程度不是很高。由于软件设施老旧，很多高校还不能很快投入到课堂网络平台的建设中，各高校要把人力、物力的流动向网络教育平台建设倾斜，尽快实现思想政治教育课堂网络平台的搭建与完善。

① 缪静敏，汪琼．高校翻转课堂：现状、成效与挑战——基于实践一线教师的调查 [J]．开放教育研究，2015(5)：74-82．

（二）校园网络速度较慢

高校思政工作的服务对象是学生，在互联网背景下进行思政工作，网络环境和条件十分重要。但就目前而言，大部分的校园网络速度都不能完全满足学生的上网需求：一是学校学生人数众多，连接网络的设备比较多，众多设备的参与会造成网络拥挤，很难保证网络的正常运行；二是有些校园的网络多数存在于图书馆、教室、办公室等区域，没有进行网络全覆盖。校园网络条件不足的现状，自然会使得互联网思维下高校思政工作的转型与发展受阻。

（三）高校思政网络平台存在缺陷

有些高校建立了思政教育网，以期能够推动思政的进行，但是原本期许的教育平台却被打造成了通知的发布平台。经过调查，发现主要是因为思政教育网存在某些缺陷：首先，有些网站的网络版块在设计之初未能以学生视角构建，导致“不接地气”的现状；其次，有些网站的管理人员仅为网络维护人员，未有思政工作者参与其中，导致信息过于模块化；再次，有些网站的管理人员仅为思政教育工作者，未有网络维护人员参与，导致信息过于杂乱、更新不及时；最后，有些网站的信息编排未能做到与时俱进，信息也不具有吸引力和教育性，导致其未能成为学生喜欢关注和受教的网站。

（四）课下网络教育平台运用较少

课下网络教育平台主要以校园网站、新载体软件为主。目前，高校校园网站与新载体软件运用于网络思想政治教育很少，高校在这两部分的建设上投入欠缺。例如，辽宁省某高校校园官方网站中，首页的党群建设板块中有以下四类项目：组织机构、党建活动、党建风采、工会活动。其中，组织机构板块中为党政师生工作人员职务名单；党建活动板块中仅有一个党建项目活动，而其他项目链接中均为空白网页，且该网页的点击量极少。由此看来，校园网络平台中党建、思政模块运用相对较少。另外，新载体软件中舆论信息传播范围较为广泛，但部分高校运用新载体软件对于大学生的舆论引导功能发挥不是很明显，缺乏新意与创造力，发布内容不能引起大学生的广泛关注与思想共鸣，点赞量、转发量、评论互动情况很少。例如，辽宁省内某高校的官方微博，其关注人数为两万多，推广的思想政治教育信息内容多为会议活动信息、心灵鸡汤语录等。然而这类信息的转发量很少，评论互动区域账号固定，这在一定程度上说明了高校新载体平台的不重视，运用于思想政治教育程度较低；也说明教育客体对高校网络教育平台内容缺乏认同感和兴趣。

（五）互联网对高校思政工作原有的教育模式造成冲击

事实上，思政工作在面临转型问题上还有一大难点，那就是教育模式在长久的运行中已经定型，很难在朝夕之间改变，在理念、思维、步骤等方面总会有所冲突。高校原来的思政工作主要是由思政相关教师开展的，在高校中的体现也主要依靠思想政治课堂教学和第二课堂活动来实现，而且其评价机制也多是借助成绩及日常表现来进行考评。虽然这些教学方式及评价机制暴露了一些不足之处，但是这毕竟是在不断实践中得出的教育模式，已经在实践中得到了运行与应用，又由于互联网的复杂性及多样性，使其很容易与高校的思政工作产生冲突，因此会对思政工作的转型带来巨大的冲击与挑战。

（六）教育主客体互动性不强

思想政治教育的实效性主要体现在教育主客体的互动沟通上，良好、频繁的互动沟通，表明了学生接收到了思想政治教育者所要传递的思想信息，并且产生了自己的感悟和理解，积极主动地与教育主体交流分享近期学习心得、思想感悟情况，教师根据学生的个人情况，加以辅助并引导其向更高的思想水平发展。互联网的迅速崛起，网络载体的形式多样化在很大程度上方便了教育双方的沟通，教育主体可以利用网络课程平台讨论区、新载体文字、语音聊天、信息评论区与教育客体进行沟通，这些新形式的出现有利于主客体的互动交流，但是实践效果并不是很理想。例如，北京某高校的 2016 年“马克思主义基本原理”网络课程中，在讨论区设置了思考题：“人为什么要实践？为什么要发挥主观的能动作用改造客观世界？”但是在讨论区并没有网络学习者回答这个问题。有一位网络学习者提出了疑问“对于老师提出的思考题，我们回答的思路和方向是什么？是照本宣科，还是结合生活经历加以阐述？”然而另一位网络学习者做出了这样的回答“很少有人会注意到问题背后的动机问题，既然老师这么问，肯定是希望我们能对知识点进行复习与再认，我们的回答显然也存在动机。个人浅见，要能够如实向老师反映自己的掌握水平。抄袭别人的答案，容易给老师造成误导，这样不仅老师看不到真实的情况，我们自身也得不到成长。”这是关于这道题的所有讨论，由此看来，部分高校教育主体与客体并没有建立起通过网络平台互动沟通的意识。

少数教师对于网络平台的使用及功能不是很了解，导致思想政治教育的网络互动反馈平台形同虚设，常常处于失联、不在线状态，加之大学生本身网络学习的意识不强，仅靠平台上的发布的思想信息，很难提高素质，达到教育效果。长期下去，学生的主动性会逐渐下降。高校教师要充分利用网络平台灵活使用各种网络应用软件，开展各种专题网络思想教育实践活动，营造网络思想政治学习氛围、创造互动话题，使学生主动内化思想信息，主动与教师或其他学生交流心得、体会，提高教育实效性。

（七）高校思政工作人员缺乏掌握互联网的操作技能

在互联网快速发展的今天，掌握一定的互联网操作技能已经成为当下求职的基本要求，尤其是在高校的思政教育工作中，必须要求思政教育工作人员掌握一定的互联网技能。但是，就目前的情况来看，部分高校的思政教育工作人员年纪较长，未能掌握较为娴熟的互联网操作技能，未能形成较好的互联网思维，加之有些高校在选聘思想政治教师时也未对互联网技能明确要求，造成高校思想政治教师的网络素养有待提升的现状，这样一方面不利于对高校思政工作的普及及管理，另一方面也无法很好地实现互联网思维下高校思政的转型与发展。

（八）部分高校思政人员对互联网教育参与度不高

在高校思政的转型与发展中还有一个重要问题——部分思政教育工作者对于互联网尚未形成正确的认识，即坚持原有的思政模式，不能转变观念以及很好地利用互联网思维推进思政工作。如此，在互联网应用中，就很难提高其参与度，成为思政转型与发展的障碍之一。一般而言，若从事高校思政工作的人员对于该职位没有很好的责任意识，就不能够将自己的全部精力集中投入到高校思政工作中，就更不必说在互联网的大背景下进行转型与发展。

（九）网络不良信息冲击教育主题

互联网营造了一个虚拟的世界，高校大学生是网络虚拟世界的主要群体，受到这个空间的影响越来越深刻。首先，在这个信息大爆炸的年代，大量的信息势如破竹般地席卷着人们的思想领域，没有你看不到的，只有你想不到的。网络世界是大学生接收各种资讯的开放区域，其中不乏一些宣扬黄色、赌博、暴力、欺诈、思想反动的信息，对于部分独立意识、反叛精神较为强烈的当代大学生来说有着极大吸引力。这些信息严重侵蚀大学生的思想与生活，长此以往，逐渐导致不良信息对思想侵害蔓延到行为的转变，容易使年轻气盛的大学生产生过激的言语与举动，甚至走上触犯法律的不归路。其次，是网络游戏的盛行，如有些网络游戏中带有大量血腥暴力画面，对处于半封闭状态的大学生而言有着极大的感官刺激和诱惑力。在现实生活中，大学生需要面对来自学习、生活、感情、就业等方方面面的压力，而网络游戏对于在现实生活中受到挫折或遇到困难的大学生来说是一种解脱方式。在网络游戏中，他们可以挥舞长剑厮杀，发挥游戏中的人物技能，尽情地宣泄情绪，这些都是在现实生活中缺少的体验，能够满足一定人群的武侠梦、英雄梦。但如果长此以往下去，会慢慢地在网络游戏这个虚拟世界中迷失自我，对学习、生活失去兴趣，脱离现实生活，造成人格上的缺失等问题。这些问题对高校思想政治工作提出了新的挑战，不断地冲击网络思想政治教育主题，降低了教育传播内容的吸收效果，严重影响思想教育的实效性。

第二节 “互联网 +”背景下高校思政教育体系的构建

一、“互联网 +”高校思想政治教育内容的创新

（一）思想理论教育和价值引领

思想政治理论课是大学生在步入社会过程中进行思想改造的必然途径，大学生在这个过程中面临着如何完成身份塑造，进而成为合格的社会公民的任务。大学阶段是学生时期向社会时期的过渡，大多数学生会脱离学习生活走向社会，完成学生与社会公民之间的转变。大学期间的思想政治课程是大学生思想政治教育的主渠道。有些学生对思想政治教育没有真正重视，其原因有：第一，学生刚从高中进入大学，应试教育中对学科的偏见依然存在，很多学生依然认为学习的目的是为了考试，只要将教师所讲的内容理解记忆就可以了。这种思想使学生对待思想政治课程产生两种不同的做法。首先，有的同学想尽办法逃课，即使上课也会将注意力放在看其他书籍上。他们在考试前突击背题，只求考试能够及格。其次，有的同学把思想政治课程当作高中时期的政治课，上课认真听课，将教师所说一切当作真理，考试时完全以教师所讲的内容答题。从思想政治教育的目的来看，这两种都没有真正理解思想政治理论课的意义。在前者看来，思想政治课程对自己进入社会没有任何帮助，学习思政是一种负担。在后者看来，学习是学生的天职，思想政治课程是大学的一门学科，只要是一门学科就要好好学习，争取好成绩。虽然两者可能在学科成绩差异较大，但两者对思想政治课程的误解是相同的，即两者都从学科的角度来看待思想政治课程，都没有把思政教育当作完善

自身的人格、成为社会公民的必要条件。所不同的是，前者只求及格，而后者希望得到好的分数。大学生对思想政治课程的不同态度决定思想政治课程面临的主要问题，在无法理解思政本质的基础上，两者都对思想政治课程表现出轻视的态度，但他们采用了不同的行动。前者将自己的行为依附在自身意愿中，他们会把康德对启蒙的定义作为自己生活座的右铭，“启蒙不过是指人们自主决定自己的生活，摆脱别人管教的能力”[①]。后者将自己的行为依附在社会的要求中，但他也只是根据行为的后果来考虑问题——好的成绩是他步入社会的阶梯。走进社会的过程也是塑造的自身过程，思想政治理论课的任务就是将他们塑造成合格的社会公民。学生对思想政治课程的轻视态度恰恰表现除了高校的思想政治教育的重要性，学生对思想政治理论课的误解也是思想政治课程需要提高的地方。

实际上，当前思想政治课程主要就是要解决抬头率低的问题，这就需要思想政治课程的承担者，不管是承担思想政治课程的专任教师，还是兼职的辅导员，以及外聘的教师都需要把解决抬头率作为教学的主攻方向。一方面，高等院校要使思想政治课程或网络思想政治课程“配方”更加新颖。思想政治课程“配方”不仅是高校一门教育课程的基本内容，而且还是回应时代问题后进行的全面社会思想改造的过程，大学生在思政教育过程中得到培养，而教师在教育活动中提高自身的思想品格。做好思想政治课程的“配方”要倾向于时政性内容，与当前的国内国外政治形势结合起来，引导大学生学习中国特色社会主义、社会主义核心价值观、中国梦，在复杂的政治变幻中把握马克思主义的时代意义。思想政治课程的“配方”要针对广大不同个性的大学生，将马克思主义理论与具体的个人特质结合起来，启发大学生以马克思主义方法来思考问题，使大学生在学习的过程中掌握马克思主义的基本原理，了解党的历史与现今政策，帮助大学生树立正确的世界观、人生观、价值观，进而成为社会主义的合格公民。另一方面，高等院校思想政治教师应使思想政治课程“工艺”更加精细、“包装”更加时尚。一是利用大数据技术，调查并统计大学生思想动态，实时形成大学生思想动态报告，为学校大学生思政工作提供改进意见建议。二是利用大数据技术，关注所教班级大学生关注的热点话题与事件以及兴趣点，有效运用思想政治课程的主旨内容回应大学生的所思所想，增强大学生的学习兴趣，进而使思想政治课程更有引领力。三是利用大数据技术，加强大学生个体或整体的全过程课程管理，当前应主动学习使用比较成熟的“智慧树”“超星”“爱课程”“钉钉”等课程平台，掌握大学生课前、课中、课后的每一次行为、每一次发言、每一次作业的数据情况，以及

① 以赛亚·伯林．浪漫主义的根源[M]．吕梁等，译．南京：译林出版社，2008:70.

签到、投票、直播、自学等情况，以此分析出大学生个体或整体对待思想政治课程的学习状态，及时与他们互动交流，给予其必要的提醒和纠正。思想政治课程的生命力“配方”“工艺”“包装”就在于这种开放性，与互联网、大数据的紧密结合，是不断延续发展的过程，使思想政治课程更有时代感和吸引力。

（二）校园网络文化建设

校园网络文化作为校园文化和网络文化交叉碰撞形成的亚文化，为高校校园文化建设提供了新的发展方向，高校纷纷占领校园网络文化阵地，开辟校园文化宣传和建设的新领域，充分运用校园网络文化的物质基础，开展大学生网络思想政治教育，普及健康积极的校园网络文化，做好网络德育工作，以此为途径，及时引导学生正确价值观念、人生信念、道德思想的建立，充分发挥校园网络文化传播的高效性、影响的广泛性等有利因素，开展校园网络文化建设，将校园网络文化作为新时期校园文化建设的重中之重，探索促进校园文化建设的全新途径。

传统境遇下，校园文化建设往往面临找不到创新突破口的困境，缺乏正确思想政治理论的支撑，无论是物质文化、行为文化、制度文化还是精神文化，缺乏创新建设形式的动力，无法发挥校园文化该有的吸引作用，不能充分调动学生的参与热情，校园文化建设的目标无法实现，校园文化活动名存实亡，严重缺乏号召力，而思想政治课程信息化时代的到来弥补了这一缺陷。20世纪，当计算机和网络走进校园生活，犹如一剂“强心针”，给高校校园文化活动的开展注入了新鲜能量。以往的活动形式充分利用网络信息资源进行改革创新，很多新名词应运而生，唤醒了学生的好奇心和参与欲望。通过信息技术的应用，全新形式的校园文化活动一一开展，以此为契机和基础，高校的制度文化、精神文化等校园文化的上层建筑得到有效改革和发展。

校园文化活动是校园文化的集中体现，它从多重角度反映大学生的心理状态、价值取向和精神面貌。部分同学会将校园文化误认为是个别积极分子、文体活跃分子等特殊个体的活动，这种想法是错误的。校园文化活动是全体大学生的整体精神面貌的集中体现，也影响着所有大学生的身心健康和发展，涉及每个人的利益，校园文化是全体教师和学生的共同物质和精神所在。思想政治课程的信息化为校园文化组织形式的良好的理论指导和创新空间，“网络征文大赛”“班级在线民主选举”“远程学术讲座”等活动层出不穷，活动形式多种多样，既创新了校园文化活动的开展方式，又符合了当代大学生的心理需求，锻炼了学生的创造能力。在线辩论、中国梦等大讨论、演讲比赛，所有这些与某些自娱自乐、毫无新意的大学生活动形成鲜明对比，在拓展学生能力的同时，无形中拉近了学生和社会、国家、政治的距离，使学生在活动中学习党的指导思想，了解现实社会的动态。

（三）校园学风建设

学风建设是我国高校长期坚持的一项重要工作任务，其不仅可以衡量高校的教学水平，而且是实现人才培养目标的基础条件。在大数据时代助推学风精准建设，最重要的是利用好射频识别（RFID），建立全面和主动的大学生思政工作与教学管理互动体系，利用 RFID 物联反馈技术的支持，完善学风建设的组织、评价和考核机制，从而对学风建设的质量提供保障的监控体系。通过 RFID 物联反馈技术和校园卡系统的结合，可以掌握了解学生所学专业、上课出勤的基本情况，可以通过实验器材 RFID 反馈实验课出勤和实验进度情况，还可以通过图书馆 RFID 标签找寻心仪的书籍以及查阅时间的显示，引导学生养成良好的学习习惯，掌握正确的学习方法。利用 RFID 也可以减少高校思政工作人员亲自到现场检查学生早操、早自习、晚自习、上课出勤情况的时间精力，把主要精力投放在关键工作环节上，发挥育人的实效。高等院校应探索建立学风建设 App 软件，通过 RFID 物联反馈技术和校园卡系统的结合，每天由班级干部监督班级学生的早操、早自习、晚自习、上课等感应录入，形成数据按时上传、按时定位、按时汇总、按时导出分析，供辅导员掌握所负责班级学风情况，学校掌握每个院系的学风情况，这样形成学风建设的从下向上的反映，再形成由上向下的督导。另外，还应树立“以学习者为中心”导向，大学生可借助大数据技术激发自身的潜力，让自己愉快地学习、创造性地学习，能在学习过程中认识到学习对自己成长的重要意义和价值，同时能够不断吸取经验，指导应该怎样去学习，并在教师的指导下，探索并掌握行之有效的教学方法。大学生要具有自主学习和自我发展的意识，要自己引导自己、自己开发自己，对于学习内容和学习活动，自己进行决策，从而能够以较高的热情参与到学习过程中。

传统的学业预警通常采取的是教务部门归口管理，以显性的考试分数作为简单的数据判断依据，完成对学生学业状况的探源。可以说，高等院校传统的学业预警机制在评估依据、预警干预、状态跟踪、管理主体等方面都或多或少有这样那样的缺陷。因为传统的学业预警机制只具有单向度的能力，而在平等共享、开放透明等特点方面并不突出，急需升级。学业预警数据分散在学校各个主管部门，要全方位地掌握大学生学业在不同年级的不同状况，实现院际教育数据资源的融合互通，就需要注重大学生在课堂学习的数据，并由任课教师负责记录；在课外的相关数据需要由网络技术中心、保卫处、图书馆等相关部门记录，课程学习数据需要由教务部门记录，只有将这主要的三个方面数据综合起来才能实现协同预警。同时，还需要主管单位将课堂教学、第二课堂的相关数据汇集在一起做相关性分析，才能有效分析出大学生的学业数据，开展大学生学业预警工作，帮助他们找出学业危机背后隐藏的深层次原因，进而有效完成大学生学业预警干预。

（四）心理健康教育和咨询工作

近年来，大学生心理健康问题成为高校思想政治教育工作亟须关注的新问题，为了有效管理，大部分高校已把心理健康教育职能转到学生工作部，作为学生工作队伍建设必备的素质之一，培育大学生理性平和、乐观向上的健康心态，开展好心理健康教育、心理咨询、学科建设、心理危机干预，可以说，心理健康教育与咨询工作是大学生成长成才的重要保障。伴随着人才竞争的加剧，社会、家庭对大学生充满了期待，无形中持续给大学生心理带来越来越多的压力。长期以来，国内传统的心理危机干预机制通常是以“寝室—班级—院系—学校”和“寝室长—心理委员—学生干部—教师”四级管理和监控体系来实现对大学生心理问题的初步排查和疏导。大学生心理问题常常因学业、恋爱、人际交往、求职择业、人格发展、情绪调节等方面所困，教师依赖传统经验和直觉对大学生心理问题的发现一般都有时间延后性，从而错过大学生心理危机处理和干预的最佳时间。因此，应将互联网大数据技术运用到大学生心理危机识别干预中，可以及时收集大学生相关的个性化动态数据，然后通过收集整理数据进而完成对大学生的心理状态的动态监测和数据分析，有针对性地关注有异常的大学生，了解掌握异常的原因，做到及时排除潜在的心理危机，帮助他们疏解心理压力，使他们勇敢正视学业、生活、工作带来的压力和挑战。通过动态化心理数据的分析结果能够及时发现大学生内心急需关心的问题，快速做出反应干预，根据数据分析结果调整工作重心，对心理有问题的学生进行统筹分类管理、干预，提高心理危机干预的精准性和时效性，提高心理健康水平，促进大学生德智体美劳全面发展。

二、“互联网＋”高校思想政治教育体系构建的路径和方法

（一）优化教育课程和工作环境

1. 优化教育教学内容

在“互联网＋”的大背景下，首先，应当逐步丰富教育教学内容。教育工作者的教学任务及教学思维与工作环境息息相关，“互联网＋”与教育的结合使得教学思维与任务也发生了改变。“互联网＋”背景下学生可以通过多种途径来获取知识，互联网上的大量在线课堂可以让学生随时随地学习，个性化地学习。在线课程的便利性改变了教育，使更多有兴趣进一步接受教育的人可以有机会实现愿望，使得教育从学历教育转变为提升教育。参加各种在线的高等教育课程的学生具有不同的能力和因素，这些能力和因素在他们的经历中发挥作用并使他们顺利完成学业。教育体制下需要确定因素之间的关系，这些因素包括教师与学生的联系，自我认知效能，以及学生的年龄。其次，教师要通过观察和研究了解教学环境制度对学生所产生的影响。不难发现，在传统的教育环境和模式中，学生只能把所有注意力集中在课堂讲授上，他们不能和外界进行沟通。在互联网时代的教育环境下，高校思政教育工作者要加强对互联网思维下教育方法和手段的学习，加强对教学模式的创新和改进，根据学生的实际需求合理优化和安排教学内容，保证学生在规定的时间内，有效完成学习任务，深刻掌握知识和技能。另外，在高校各专业课程设置和教学设计过程中，教师要合理应用“互联网＋”技术，将课程教学内容简化，提升教学效率，给学生提供更多参与实践活动的机会，引导学生在活动中将书本上的知识转化为实际技能，以实现将来的人才配备。

2. 掌握社会动态

“互联网＋”体制下的教师需了解社会动态，深思熟虑后总结出教学大纲，将教育方法融会贯通，将学习内容浓缩提炼出精华。例如：可以将最新社会动态截取、合并，做成视频，让学生快速掌握最新动态。如此看来，将杜绝枯燥无味的课堂，传授知识和接受知识成为一种乐趣，学生也会因课堂教学的“精”和“简”超越了固有的认识和体验而产生浓厚兴趣。作为思想政治教育工作者，在拥有正确教育观、人才观、质量观的前提下，应提升自身的教学水平、实践能力、专业技能和创新研究能力，更应该提高对时事热点的关注度。

3. 加强校园互联网建设

互联网能否深入思想政治教育变革并取得实质性进展，取决于机构能否建立健全各项管理制度及评价机制。针对各个学校，学院应结合“互联网＋”技术开

发使用属于符合自己学院发展的移动 App、网页等，方便教师提高管理制度和对学生的评价机制。例如，加强校园网络和校园论坛的建立和管理，创建一个良好的校园网络平台，提高其感染力和吸引力；创造一个平等的互动平台环境，使学生和教师可以自由地交流；建立专门的网络组织（网络平台、数据库等），使互联网成为了解教师思想动态、密切关注社会热点的新途径。通过新的平台教育使人们学习并理解马克思主义理论的精髓，开展富有形象的思想政治教育，传播中国特色社会主义理论体系的思想政治教育。明确“互联网 +”思想政治教育的意识形态，不断更新完善数据库，由它承载信息，作为媒介平台。教师可以利用该平台，选择性地传达给学生，以多样化的方式吸引学生，并将知识真正高效地传递给学生。

（二）加强高校思政实践教学策略的改革

目前，线上线下相融合的教育形式已经成为高校教学的新趋势、新常态。我们要积极化解“互联网 +”带来的挑战，充分把握好“互联网 +”这个“最大变量”，做到因时而进、因势而新，推进互联网与思想政治课程实践教学的深度融合，不断推进教学的改革与创新，这就需要各高校着力于构建网络教学工作机制，提高教师自身媒介素养，创新网络教学方式。

1. 加强网络思政教学，发挥合力育人作用

思想政治课程实践教学是一项整体性、系统性的工作，需要多个部门密切配合、齐心协力才能抓好各项协调工作，形成实践育人的合力。首先，要着力发挥高校党委的核心领导作用，构建党委牵头抓实践教学的领导体制和工作机制，形成“互联网 +”融入实践教学的顶层设计和总体规划。其次，要发挥多个部门的合力育人作用，推进协同育人工作格局。各高校要组建好由校领导、宣传部、教务处、学工处、网络处等多部门积极配合的网络实践教学领导小组，确保职责明确、分工合理、权责一致，使实践教学活动有序规范运行。最后，要建立严格的网络管理工作小组，加强对校园网的管理，创建文明网络平台，防止一些不良信息传播到校园网络当中；同时，也要积极营造文明、健康的网络环境，通过广泛宣传国家互联网管理、使用及网络安全等法律法规，积极开展对学生的网络道德教育和网络法律教育，正确引导并有效规范学生的网络行为。

2. 提高教师媒介素养，构建优秀师资团队

办好思想政治理论课关键在教师，要发挥教师的积极性、主动性、创造性。“互联网 + 教育”颠覆了传统教学观，是新型教学模式的创新和重构，也对新时

代教师应具备的网络媒介素养提出了更高的要求。要在“互联网＋”时代开展实践教学，高等院校思想政治教师首先需要具备“互联网＋”知识融合和共享的意识，进而不断提升自身的信息技术应用能力。每个教师掌握的教育信息和技术能力不尽相同，各高校要加强对教师特别是青年教师相关信息技术的专项培训，推动互联网技术对实践教学的改革。只有教师的媒介素养水平做到与时俱进，才可以确保他们对学生的媒介素养教育跟上时代的要求。同时，各高校要着力构建一支学科交叉、结构合理、优势互补的合作性教学团队。实践教学的改革与发展都离不开团队合作，各高校要高度重视人才队伍结构建设，完善人才发展机制，积极培养创新人才，为思想政治课程实践教学实效的提升提供队伍保障。

3. 创新网络教学方式，深化实践教学改革

在互联网时代，实践教学与多种网络媒体深度融合、交互使用是深化高校思想政治课程教学改革的重要途径。第一，要构建并推进“线上线下互动”的网络课堂实践教学。这种教学模式要求高等院校思想政治教师将现实中进行的实践教学活动转移到校园网平台或智慧手机平台，通过网络互动性的教学活动引导大学生进行自主探索体验、相互交流沟通和自我教育管理，拓展网络课堂，例如，通过充分利用新媒体网络平台积极开展热点宣传、网上调研、专题讨论、拍摄制作网络微视频等。第二，要积极搭建网络实践教学平台。随着“互联网＋教育”深度融合发展，越来越多的高校开始积极搭建虚拟实践教学平台，打造数字化模拟实验实践教学中心，以深化教育教学效果。第三，不断创新网络教学方式。高等院校思想政治教师要充分利用丰富的网络教学资源，深入研究网络实践教学的设计思路和内容整合，不断改进网络实践教学手段和方法，以推进实践教学改革。

总之，互联网这个“最大变量”已成为教育面临的最大机遇，我们要在“互联网＋”背景下克服挑战，做到因事而化、因时而进、因势而新，不断推动高校思想政治课程实践教学的改革和创新，实现高校思想政治课程的“智慧实践教学”。

（三）充分发挥思想政治教师的引导作用

1. 利用思想政治课程专业优势引导学生学习方向

高校思政教学要善于利用各种模式及措施，帮助学生理解网络的工具性和可发展性，使学生科学认识并使用网络中的丰富资源，同时逐步完善自身网络能力。但是网络资源内容的可信度尚需分辨，而思想政治教师作为思政工作的先锋，需

要其对各种思想观点、思政理念的认识更加深入，充分发挥自身的专业优势，为学生提供优质的网络学习资源。教师帮助学生正确客观地认识互联网的双面性，在获取信息的同时“去芜存菁”，使学生免受负面信息和思想的浸染，树立客观看待世界、独立思考的能力。

2. 优化教学内容确保思想政治课程教学的先进性

高等院校思想政治教师要对思想政治课程的教学目的有充分认识，不但要引领学生的思想，促使学生形成正确的价值观念，更要认识到要想充分发挥思想政治课程的教学效果，让学生从内心深处认可教材上的观点，就要遵循学生的认知规律以及信息传播的科学规律，循序渐进有序授课。尤其是在设定教学内容时，一定要注重与学生实际生活的关联，立足于学生的生活体验，同时借助互联网的作用来设置思想政治课程主题。对于传统思想政治课程教学内容，教师可以采用碎片化方式来处理，这样才能使教学内容更加突出与鲜明，激发学生对思想政治课程学习的兴趣。

只有优化思想政治课程的教学内容才能保证思想引领的先进性，在互联网时代就要尊重与维护思政教育的开放性、共享性，同时实现对学生创新能力的培养。互联网上的新思想、新观点是在事物发展过程中逐渐形成的，教师要鼓励学生有选择地接受一些正确的思想与精神。此外，为了解决传统思想政治课程教学内容陈旧的问题，教师还要努力打破理论课教学所带来的束缚，将思想教育的工作与社会实际相结合。鼓励学生将所学思想应用在解决现实问题中，增强其实践能力，实现理论与实践的结合，达成思想政治课程教学改革与创新的目标。

（四）加强并优化校园文化的建设

1. 物质文化建设

（1）高校信息化教学平台

思想政治课程信息化开展以来，高校的网络教学平台得到广泛应用，成为新形势下学生学习理论知识、开展校园活动、参与校园管理的重要途径。高等院校思想政治教师通过网络平台与学生进行学术交流、探讨相关话题、在线发放试卷、测试学生的学习效果等。思想政治课程相对于其他课程具有特殊性，思想政治课程的教学范围是高校的全体学生，故教学规模是最大的，使得思想政治课程信息化显得尤为重要，思想政治课程教学体系的改革影响尤为广泛，在高等院校思想政治教师的带动下，以往被忽略的校园网络教学平台，发挥了极大的教学效果，信息化教学平台成为学生普遍接受、教师普遍采纳、课程逐渐依赖的载体，以基础硬件设施为依托，构建完善系统的校园管理平台，形成一站式的系统集成管理，有利于高校组织管理工作的展开，提高了管理者工作效率，加快推进了校园文化建设。思想政治课程信息化的时代特征让它成为校园教学、管理、宣传等重要工作环节顺利进行的可靠保障，它是校园正常运行的必备载体。

（2）高校思想政治课程资源网站

所谓思想政治课程资源网站，即汇集基础、原理、纲要、概论、形策五门课的相关电子教材、课件，以及扩展视频等辅助教材，提供实时资源共享的网络资源平台。教师可以登录网站上传自己认为有价值的素材，也可以下载自己所需的材料，学生可以随时登录网站进行补充学习。思想政治课程资源网站已经变成在基础教学平台以外的良好补充和支撑，成为思想政治课程基础课程教学以及大学生的思想政治素质培养的重要平台。这样一个版块不断变革、资源持续更新、数据量不断增大的思想政治课程资源平台，已融入了高校的基础教学设施的行列，成为高校思想政治课程教学、大学生德育教育的有力载体。

（3）其他技术资源的应用

除此之外，围绕校园的网络教学平台、思想政治课程资源网站等而存在的其他技术资源应用，所服务于这些有形、无形的设施的高新技术、维护设备、配套设施等均被纳入高校校园设施的范畴。随着思想政治课程信息化应用的普及，信息技术成为大众的共同资源，缩小了不同条件学校的基础差距，为校园文化的建设打下良好的根基。

如今，计算机网络技术设备随处可见，从教学设施到环卫设施、安保设施及其他校园管理设施，无不用到现代的信息技术。绝大多数高等院校的校园内都配备了多媒体教室、计算机终端、投影仪等教学管理设施，校园网络畅通无阻。有了这些高科技设备的辅助，学生和教师的学习、工作才变得形式多样、方便快捷，高校校园文化的物质基础焕发新的生命。再次探讨校园物质（校园载体）文化已经不再局限于一个教室、一台电脑、一个报刊栏、一座图书馆这些看得见摸得着的物质设施，评价一个高校的设施是否完善也不仅仅停留于考量学校的课堂设备是否齐全、建筑规划是否合理、校园环境是否优美，而是更加重视学校的校园网络的覆盖、各类教学平台的搭建、数字图书馆的开放、校园广播等传播工具的应用等等，所有这些都被纳入新时期校园载体文化建设的范围。之所以定义为载体文化，是为了区别于单纯的物理性的物质文化，我们可以理解为载体文化，它是高校学生、教师活动的基础，是高校校园文化的载体和基础。

2. 制度文化建设

校园制度文化属于校园文化的精神范畴，是校园物质文化和行为文化的升华，内在地蕴含了学校的办学原则、管理思想和传统理念，高校制度文化对校园行为的约束和引导，是维持高校正常运作的有力保障。校园物质基础的增加、校园主体行为的变化，注定了校园制度文化的改头换面。无规矩不成方圆，高校制度文化是用来规范高校主体行为活动的纲领和要求，起到引导和约束的作用，与校园行为的范围、方式息息相关，全新的校园行为范畴，催生科学的、发展的校园制度。思想政治课程信息化形势下，为规范新形式的教学活动、学生的日常生活，引导教师的教学思维、学生的价值观念，校园制度文化立足全新的高校行为文化，需制定针对多媒体教学、网络平台建设和使用、学生互联网生活制定新的规范。高校在制定相关规定时，会赋予其正确的价值解说、舆论导向功能，校园管理制度喻示着高校将本着什么样的要求、朝着什么样的方向努力，直接体现着高校校园文化的发展方向。

3. 行为文化建设

“互联网+”时代校园行为文化建设，更多表现为师生在互联网上进行工作、学习、生活等方方面面。互联网不是法外之地，不容任何人在互联网上从事违背普世价值观、违法犯罪等行为。

（1）加强教育

“互联网+”时代校园行为文化建设强调的是网络行为文明，大学生由于心智尚未完全成熟，在猎奇心理的作用下，容易沉迷网络、轻信谣言和散播谣言，更有甚者在有意无意中从事网络犯罪活动。这就需要高校在“互联网+”时代校园行为文化建设中加强对学生的网络行为教育，引导学生正确使用网络。

（2）关注舆情

大学生群体多数共同生活在校园宿舍，很多看起来不起眼的细小网络行为，经过大学生群体的关注或转发后，都可能在互联网上引起较大的舆情，因此需要高校在“互联网+”时代校园行为文化建设中更多关注大学生的网络行为表现，及时评判可能因此引起的舆情并及时处置。

4. 精神文化建设

校园精神文化是校园文化的核心和灵魂，是学校整体精神面貌的集中体现，包含全体教师、学生共同的价值观念、道德观念、生活观念等，是高校校园文化建设的最终建设目标，从狭义角度讲，校园精神文化具体表现为学校的学风、教风、校风；从广义角度讲，校园精神文化应概括为教师和学生在内的群体所具有的思维方式、内在素养、价值观念。

从教师角度，信息化教育的推行是一块磨刀石，考验和磨炼着教师的政治信念、信息素质和思维创造能力。信息化的教学模式和手段，给教师带来新的教学体验和要求，教师除了具备扎实的理论功底和教学经验，还要适应不断更新的教学形式和内容，养成足够的信息素质，发挥创新能力，寻找教学思路的突破。除此之外，教师还担任着对学生进行思想政治教育和引导的责任，当学生接触到世界各种文化的冲击和影响，如何正确引导学生的思想行为，成为高校教师的必修之课。

从学生角度，信息鱼龙混杂的网络世界，让各类优秀文化和不良文化交互冲击着人生观、价值观尚未完全确立的大学生，如何用其所长，有效利用现有的网络资源，促进个人的学习和成长？又如何避其所短，成功屏蔽拜金主义、悲观主义等不良文化的干扰，时刻保持清醒的头脑和坚定的信念？……当一系列的问题等待解答，撇开学校的保护、教师和家长的呵护，大学生更应该从主观出发，养成良好的判断能力和自制力，树立正确的世界观、人生观、价值观，坚定人生的理想和信念。信息化语境下，高校校园文化呼吁健康、积极的校园精神文化。

校园精神文化即学生和教师作为高校活动的主体，所拥有的观念、想法、态度等成分，是高校校园文化的灵魂和核心。从学生的角度来讲，它可以包含学生的世界观、人生观、价值观，学生的人生目标和理想，学生的自律意识、思维的创新意识等，从教师的角度来讲，校园精神文化的内涵可能更多地依赖于教师所担任的角色，它可以包含教师的教学面貌、教学态度、教学思考等等。校园精神文化是校园文化的核心内容，包含了校园内主体的价值观、理想，以及主流的学风、教风。

讨论思想政治课程信息化，是在高校教学信息化的基础上，突出思想政治课程更大程度发挥育人功能的重要意义，所以探讨高校思想政治课程信息化对校园精神文化的促进至关重要。

校园文化建设的最终目的即是培养对国家有用的德智体美劳全面发展的高素质人才，从严格意义上说，大学生是高校校园文化的根本性主体。高校思想政治课程信息化在实现理论知识教学的功能之外，对学生精神层面的影响是重大的，而这是思想政治课程作为高校思想政治教育的主渠道与信息化碰撞过程中产生的重要作用，既凸显了思想政治课程的重要德育功能，又体现了信息化这一新鲜血液带来的良好契机。

信息化的背景下，校园文化滋生了众多不良细菌，不良文化风靡。学生的人生观、价值观亟待积极引导。当下，在互联网管理制度尚未完善的情况，网络开放的大环境，使大量不良思想文化冲击着大学生的人生观、价值观，黄色文化、网络犯罪、盲目崇拜等不正之风滋长，严重影响着大学生道德观念的正确树立，现实生活中的对与错、黑与白在这里被重新考量和定义，全新的生活与社交环境带来了不少新的问题，这一切都考验着正处于“三观”尚未成熟的大学生。这时思想政治课程作为引导学生思想行为的风向标，需要更好地发挥其德育功能，为学生树立正确的世界观、人生观、价值观保驾护航。

第三节 “互联网 +”背景下高校思政教育队伍的建设

一、当前高校思想政治教师的素质现状

随着时代的发展，我国高校思想政治理论课程教师的学历和职称结构都发生了变化，高校在原有的政治理论课程教师的基础上，从其他高等院校不断地引进新的人才，来充实到高校思想政治教育课程教师当中，为高校的思想政治教师提供了比较好的条件。但是在看到成果的同时我们应该看到高校的其他专业课程的师资力量对比，高校的思想政治理论课程教师处于学历层次及进修程度相对较低的位置，所以说高校的思想政治理论课程的师资力量还有待于进一步的提升。思想政治教育本身是具有很强的理论性、专业性及时效性的，这不仅需要坚实的理论基础，更应该与时俱进，不断更新知识体系，即思想政治教师需经常参加相关培训与进修。但是现实情况是，思想政治教师缺乏相关培训与进修，理论水平难以达到更高的要求。高校思政教育课程的教师很多是学校的行政人员，他们日常管理及事务性工作十分繁重，很难及时进行新知识的学习和加强。备课的时间也不够充足，所以很难胜任新形势下的新的教学任务。

更关键的是，现有的高校思想政治教育工作者的教学综合素质欠缺，教育方法老套落伍，已经完全无法适应新时期的新要求。目前他们还采用传统的灌输法进行枯燥的思想政治教育。以前的社会是一个相对封闭的社会，人们的思想比较简单，灌输法具有效率高的特点，在长期的实践中起到了巨大的作用。目前，从国家的发展和现实上来看，这种灌输的方式已经落于窠臼，不能发挥教育的作用。由于全球化和信息化的发展，大学生接收信息方面的观念也逐渐发生了改变，并且在此过程中，学生逐渐形成了批判性思维和独立思考的能力，因此传统的封闭

灌输方式已经不能满足当前思想政治教育的发展形势。

高校思想政治教育作为引导学生的价值走向，应具有超前性，传统的教育方法在这场全球化带来的革命中已经面临着严峻的挑战。

二、“互联网 +”时代高校思想政治教师的素质需求

（一）充分发挥教育主导性作用

对“互联网 +”的应用可以极大地促进高校思想政治课程与时俱进，但是这一全新的课题，也对高校思想政治教师充分发挥其对课堂的主导性作用提出了新要求。我们必须承担起教书育人的责任，要积极发挥教师的正面引导作用，使学生在复杂纷乱的网络世界里，能够辨别是非黑白曲直，理性分析形势。同时，也要时刻提醒学生不能过于依赖网络，随波逐流，要学会举一反三，不断培养个人的逻辑思维能力。

（二）加强对“互联网 +”技能的掌控与平台的运用

随着“互联网 +”时代的到来，微信公众号、微博等“互联网 +”平台已经渗透甚至已经成为学生日常学习生活的一部分。我们高校思想政治教师，必须要紧随时代发展，可以通过自媒体的创建等方式，更有效地向学生传播正能量，进一步加强与学生之间的沟通和交流，进而更好地发挥思想政治理论课的教育引导作用，增强高校思想政治课程教学的实效性。这就要求高等院校思想政治教师专业理论扎实的同时，还要熟练掌握“互联网 +”技能，以及多媒体平台的运用手段。

（三）具备积极主动的探索精神

为了打造教学相长的良性思想政治课程，作为新时代的思想政治教师就必须要有创新精神，不断积极主动地去探索思想政治课堂教育教学的革新。要从简单重复的传统思政教学模式当中跳脱出来，将讲授知识转变到对学生思想的引导上来。面对“互联网 +”时代提供的海量信息资源，思想政治教师更要走在时代的前端，引导学生理性思考，正确对待网络舆论，不做“键盘侠”。同时，我们也要积极利用“互联网 +”时代带来的信息和技术的创新发展，吸收最新的教育教学理论成果，并将其带到课堂与学生共享。

三、当前高校思想政治教师队伍建设的主要矛盾

（一）结构失衡与架构支撑的矛盾

（1）师生结构失衡

师生结构即师生比，是指任教教师和学生的数量之比，是教师队伍结构的基本衡量指标。[①] 高校招生规模不断扩大，学科专业持续调整，教师引进缓慢，导致高等院校思想政治教师队伍缺口较大。造成师生结构失衡的原因是复杂的：一是学生层面，学校的扩招，导致高校学生数量急剧上升，教师来不及补充；二是教师层面，高等院校思想政治教师引进难，同时还存在流失问题。目前，师生比仍然较低，造成高等院校思想政治教师的教学任务重，难以保证正常的思想政治课程教学，影响高等院校思想政治教师的教学研究及理论研究，造成了思想政治课程教学质量难以提升的恶性循环。

（2）学历职称结构失衡

学历职称结构是指教师的学历层次和职称分布情况，在较大程度上反映了教师队伍的学术积累、科研水平和工作水平，是教师队伍结构的核心衡量指标。高等院校思想政治教师学历职称结构失衡主要体现在：一是校内失衡和外部失衡。校内失衡主要是指高等院校思想政治教师不同学历层次比例和初、中、高级职称比例的失衡；外部失衡主要是指高等院校思想政治教师学历职称结构的区域性差异失衡和高校间差异失衡。二是高等院校思想政治教师学历职称结构失衡。这种失衡突出表现为高学历、高职称教师占比不高，高层次人才区域、校际分布极不均衡。导致学历职称结构失衡的外因主要是部分院校缺少马克思理论相关学科，高学历人才引进困难，晋升机制不完善，教师发展机制不健全；内因主要是有的院校对思想政治教育工作认识不足，不重视高等院校思想政治教师队伍的建设。高等院校思想政治教师学历职称的失衡问题制约教学科研的升级发展，使高校难以形成坚强的思想政治课程师资队伍和后备力量，进而影响思想政治教育开展的力度和实际成效。

（3）学科背景结构失衡

学科结构是指教师的学科背景构成情况，在一定程度上反映了教师队伍的学术基础及对所教学科的熟悉程度，是教师队伍结构的重要衡量指标。现阶段，高校有近一半高校的马克思主义理论学科存在教师学科背景庞杂现象，学科背景太

① 陈寒，顾拓宇. 新建本科院校教师队伍结构现状研究——基于 37 所新建本科院校教师队伍状态数据的分析 [J]. 高教探索，2016(10)：102-108.

过于分散，导致学科背景结构失衡。部分高校缺乏高等院校思想政治教师，在新任教师招聘时片面关注学历层次，盲目引进没有思想政治教育相关学科背景的专任教师，这在一定程度上影响高等院校思想政治教师队伍的学术基础，往往导致“照本宣科”，影响思想政治课程育人效果，并进一步引起思想政治教育发展的内生动力不足等问题。部分高校为了弥补高等院校思想政治教师空缺，借用、调任其他专业教师充当高等院校思想政治教师，这样在短时间内确实充实了教师队伍，保证了思想政治课程教学活动的开展，但专任教师的学科知识基础、理论素养和教学能力薄弱，导致思想政治课程教学质量提升困难，进而制约高等院校思想政治教师队伍的梯队建设和内涵发展。

（二）素质短板与培养高位的矛盾

（1）政治素质不硬

大部分高等院校思想政治教师都有较好的政治素养，但也有部分高等院校思想政治教师缺乏政治鉴别力，有时为了追求课堂的兴趣和新颖，缺乏对材料的鉴别和分析，往往偏离正确的政治立场；也有部分高等院校思想政治教师为求“无过”，而忽视政治立场；还有部分教师缺乏政治敏锐性，无法剖析社会热点的政治意义。政治素质不硬，归根结底是对马克思主义理论研究不够，对共产主义理想信仰不足，直接影响思想政治课程“立德树人”目标的实现，对大学生的“三观”产生了恶劣的影响。

（2）专业素质不强

专业素质是思想政治教师作为高校教师的基本素质，一般包括知识基础、理论素养、教学能力和学术能力。新时代，高等院校思想政治教师应该“知识深、理论强、思维新、视野广、教法好、学术强”。相关调查发现，部分思想政治课程青年教师教学理论素养不足、教学反思和学术研究不够，难以激发大学生的学习兴趣和研究热情，进而影响思想政治教育的实际效用。特别是在信息技术高度发达的“人工智能、大数据、互联网＋”时代，如果高等院校思想政治教师不能“与时俱进”，不能适应思想政治教育内容的扩充和网络思想政治教育阵地的扩展，思想政治课程的“立德树人”质量将大打折扣。

（3）品性素质不厚

高等院校思想政治教师的品性素质是保障思想政治课程教学质量的关键因素，高等院校思想政治教师的言语谈吐、个性气质和人格品质是吸引学生的持久动力。[①]“立德树人”目标的实现，不仅仅是靠理论和知识的灌输，更多地需要高等院校思想政治教师的“以身示范”，高等院校思想政治教师应是有信仰、品行好的人；同时，思想政治课程质量的稳步提升，需要教师“情怀深”“积极性、主动性、创造性”强。在全球化和市场经济的时代背景下，大学生和高校教师都受到了文化多元化和信息多样化的冲击，导致一些高等院校思想政治教师的“角色自信”产生动摇，突出表现为：家国情怀淡化，对思想政治课程认同度较低；对思想政治课程不重视，教学不积极、研究不主动、方法不创新；人格魅力不够，品德、品行出现偏差。

高校思政教师存在各方各面的素质短板，与高校培养高素质思想政治教育的决策和理念形成矛盾，这影响了高校思想政治课程的建设和优化。

四、“互联网 +”背景下高校思想政治教师面临的困境和机遇

（一）“互联网 +”视域下高校思想政治教师面临的困境

1. 高校思想政治教师教学理念过于传统

“互联网 +”时代，高等院校思想政治教师必须扭转老旧的灌输式的教学观念，时刻关注和重视教学理念的更新。高校当中的部分高等院校思想政治教师，还存在想当然式的教学理念，认为教学就是教师讲什么学生学习什么，往往忽略了新时代大学生的“三观”树立的真实需求。错误地认为教师是课堂的主体，对自己的专业领域大讲特讲，反之对个人不太熟悉的知识领域却避而不谈，忽略了学生的感受，学生自然不愿主动融入课堂。长此以往，高校部分思想政治课程堂冷冷清清，出现教师在讲台上口若悬河，学生在座位上低头不语的冷漠课堂。

2. 高校思想政治教师网络应用能力较差

对于大多数高等院校思想政治教师来说，他们基本都具备硕士及硕士以上学历，并且本科和研究生所学专业都是思政方向，其专业素养不置可否。最重要的问题是在于教师的网络应用技术的水平和创新精神的缺乏。高校当中，部分思想政治教师网络应用技术不合格，甚至连独立做多媒体课件都不能做好，更不能说创新的积极运用网络工具来提升课堂教学水平。

3. 高校思想政治教师对学生主流意识的把控较弱

“互联网 +”时代的到来，使自媒体繁荣发展。给我们的生活带来了很大影响，大量良莠不齐的信息涌向大学生。国外的各种思潮、一些低俗的不良信息充

① 燕连福，温海霞．提升思想政治理论课亲和力关键在教师 [J]．红旗文稿，2019(10)：21–23.

斥着整个网络世界，也在吸引或诱惑着大学生的眼球。大学生是最具创造力的群体，对新生或陌生事物有着强烈的好奇心，但由于他们理性分析、掌握形势的能力不强，很有可能受到这些思想特别是不良的错误思想影响。这使思想政治教育形势变得艰巨而困难，不利于高校思想政治教育的有效进行。而我们思想政治理论课课堂又是高校思想政治教育的主阵地，教师是肩负着为学生主流意识掌舵护航的主导者。

（二）“互联网＋”背景下高校思想政治教师面临的机遇

互联网的发展对于高校思想政治教师来说，是一把“双刃剑”，带来挑战的同时，也为高等院校思想政治教师素养的提高带来了机遇，主要体现为以下两点。

1. 思维和知识储备得到拓展和提升

互联网的快速发展，极大丰富了信息资源，为思想政治课程提供了丰富的教学资源。传统课堂教学内容，受到时间、地域和教学资源的限制，难以满足现代教学的需要。互联网可以打破传统教学的壁垒，为思想政治课程教学开辟广阔的天地。高等院校思想政治教师必须顺应互联网发展的大趋势，利用网络资源，创新思维，理论联系实际，积累全科知识，丰富教学内容，把大学生关心、关注的热点事件和社会问题及时补充到课堂中，弥补教学的局限性。

2. 教学能力和信息素养得到提升

信息技术的发展为高等院校思想政治教师教学改革提供技术上的支撑，各种网络教学平台的兴起为教师创新课堂提供保障，网络上的资源共享，让高等院校思想政治教师开阔视野、取长补短，能促进自身的专业能力提高。同时，线上教学的实践也促使教师学习新技术，探索线上线下的混合课堂，进而提高信息技术应用能力。

五、“互联网＋”背景下高校思政师资建设与素质提升

（一）高校方面

1. 科学规划培训体系

教师的再教育是提升自身核心素养的最有效和直接的手段。对于高校而言，要科学分析本校高等院校思想政治教师队伍情况，科学规划培训体系，分层次、系统地实施培训，有针对性地引导每一类高等院校思想政治教师核心素养的提升。培训形式要多样化，线上线下相结合，校内校外兼顾，具体包括专题培训、示范

教学、研讨交流等形式，开阔视野增长见识，促进教师间交流，增强职业获得感；培训内容要丰富，不仅包括对自身学科理论问题的进一步探索，还要加强传统文化、历史、时事政治等人文社科类知识的涉猎，同时对信息技术在教学中的应用，更是需要提升的重点之一。作为高校科学规划好培训体系，就是为教师提供了成长的源动力，这样才能让教师有能力和资本去钻研教学，提升自己。

2. 改革创新评价机制

目前高校教师的评价体系中，普遍存在“一刀切”的情况，高校通常采用统一标准对全体教师进行评价。从表面上看，这种“一刀切”评价方式公平对待每一位教师，减少矛盾，但实质上这种评价方式忽视了高等院校思想政治教师的特点，并不符合教师职业发展规律。高校要根据高等院校思想政治教师核心素养的内容对应评价指标，通过学校、个人和第三方多种评价方式相结合，注重对高等院校思想政治教师教学业绩、育人效果和科研水平的评价，合理使用评价结果，让评价体系充分发挥导向作用，真正促进教师核心素养的养成。

3. 加强对教师网络教学能力的培训

在“互联网 +”时代，要从以下几点入手，提升教育者的网络教育能力。

第一，高等院校应组织对思想政治教育工作者进行统一的网络培训，增强网络信息素养，增加个人技能。使思想政治教育工作者能够利用已有的互联网工具与学生平等交流。同时也要求思想政治教育工作者能够从复杂的网络信息中收集、鉴别思想政治教育信息，以及对那些引起学生思想和行为变化的信息进行加工、处理。例如，高等院校可聘请专业的互联网技术人才，对教师队伍进行细致培训；组织教师队伍参观最新科技成果；对新入职教师增加一定的网络素养要求，如计算机二级证书等。

第二，思想政治教育工作者应具备一些素质，例如，思想积极向上、思维眼界开阔、接受认知能力强、熟练掌握计算机技能等。思想政治教育工作者也要不断地提高自身的接受、融合能力，多去接触大学生喜闻乐见的网络应用，例如：微博、微信、知乎等。在信息获取和筛选过程中，不断提高自己，使自己具有敏锐的信息意识，表达反应能力、判断吸收能力和有效反馈能力。教师作为思想政治教育的主体，在教育的发展中起着重要的作用。思想政治教育工作者更应具有高尚的信息道德，遵守网络法律规范，共同抵制各种不良的影响学生健康发展的不良行为。此外，思想政治教育工作者作为人类文明的发起者与传递者，在教育过程中应大胆创新，敢于尝试，增强班级的凝聚力和学习的吸引力和感染力，培养具有良好的思想政治觉悟的学生，更好地成为未来世界的主力军。同时，高校的思想政治教育工作者应该积极采取行动，了解并掌握思想政治教育的理论体系，基于“互联网+”背景，结合马克思主义理论等相关文化知识，在此基础上不断创新，与时俱进。在不断发展的教育体系下，结合自身需求和学生实际情况，顺应时代的发展规律，积极响应国家创新理念，建立完整全面的创新教育观念，并在方式方法和教育内容上提出具有中国特色的思想政治教育改革新概念。在时代的长河中，提高自身认知水平，建立高质量教师体系，促进大学教育过程中的思想政治教育的发展，实现高等学校思想政治教育现代化，为国家和人民输送高质量的人才。

（二）教师个人方面

1. 坚定政治信仰，提升职业自信心

当前，随着互联网与教育领域的深度融合，多元化思潮正不断渗透到大学校园之中，无论是教师还是学生都会受到网络上出现的各种思潮影响，部分人还会出现政治立场不坚定、民族认同弱化和价值取向错误等现象，可见互联网的发展将对高校思想政治教育带来不小的冲击。在这种情况下，思想政治教师更应该发挥出引导学生思想的积极作用，所谓“正人先正己”，思想政治教师必须拥有过硬的政治素养和思想道德素养，坚定马克思主义信仰和社会主义、共产主义的信念，才能在大是大非面前做出正确的选择。拥有坚定政治信仰的思想政治教师在教育教学过程中，才能帮助学生树立远大的理想信念，从而增强自身的责任感和使命感，提升职业自信心。

2. 更新教育观念，迎合时代需求

习近平总书记在全国政治教育大会上讲：“以凝聚人心、完善人格、开发人力、培育人才、造福人民为工作目标，培养德智体美劳全面发展的社会主义建设者和接班人，加快推进教育现代化、建设教育强国、办好人民满意的教育”[①]。“互联网+”给政治教育带来了新机遇，它不断提供先进的思想，打破常规的学习生活工作方式，无论是教师还是学生都可以在任何时候进行学习交流。因此，为了提高政治教育教学工作效率，提升人才质量，思想政治教师必须认清这一时代趋势，及时更新教育观念，树立“培养社会主义建设者和接班者”的教育观。一切根据和符合于客观事实的思想是正确的思想，它对客观事物的发展起促进作用，面对“互联网+”这个大环境，思想政治教师首先要做的就是接受新的思想，转变思维

① 习近平．坚持中国特色社会主义教育发展道路　培养德智体美劳全面发展的社会主义建设者和接班人［N］．人民日报，2018-09-11.。

方式，建立互联网式思维习惯，从而进行思想政治教育培训，全方位、宽领域地进行教育工作改革。互联网思维，就是在（移动）“互联网 +”、大数据、云计算等科技不断发展的背景下，对市场、用户、产品、价值链乃至对整个社会生态进行重新审视的思考方式。它包括用户思维、简约思维、极致思维、迭代思维、流量思维、社会化思维、大数据思维、平台思维、跨界思维。这些思维方式比较新颖，对于传统教育方式是一个大的冲击。但是必须要转变传统思维模式，树立大数据思想。教育体系是一个大熔炉，如何实现大熔炉的有条不紊地运转，就需要大数据整理和互联网思维。教师面对学生时，应利用互联网工具将教育工作分为几个方面：新材新教、因材施教、趋利避害、尊重差异等。以一切为了学生为教育理念，在“德、智、体、美、劳”多维度地教育学生，促进学生的素质全面提高。利用新媒体设施如计算机、手机等，为教育服务，针对不同的学生，建立不同的教育模式，教师需要跨越自身学科范畴，突破专业界限和传统思维，培育学生从多角度、多层面、宽视野来看待问题，解决问题。学校要实施“一带一路，多带多路”的教育思想，比如以个人为单位，院系为单位，以学校为单位甚至以地域为单位，让不同年龄、学科的教师进行交流沟通，形成多维度思考方式。合作才能产生共赢，教师不能局限于学校内的思想政治教育，要多出去，走向企业走向社会，真正实现结合行业现状、行业人才需求、技能要求与岗位分工进行社会实践教学。结合“互联网 +”大背景下的人才培养政策，制订相对应的人才培养计划、人才培养标准并严格要求，推陈出新。各高校教师应结合自身经济环境优势，根据地区发展要求，及时调整专业培养制度，深度改革专业课程，建立有该地区该学校特色的思想政治教育模式，突出人才培养的创新，优化人才教育机制，择优择良、取长补短、因材施教，挖掘每一位学生的潜能，以培育出具有创新精神和实践能力的高素质实用型人才。

3. 加强理论学习，扩展知识覆盖面

互联网背景下，高校教师必须本着终身学习的理念，在加强专业理论研究的同时，利用好互联网平台，不断更新知识积累，拓展知识覆盖面，创新思维，通过知识创新促进高等院校思想政治教师核心素养的提高。首先，要继续研读马列主义原著、马克思主义中国化理论成果。高等院校思想政治教师要结合时代发展和变化，加深对经典著作精髓的挖掘和理解。此外，也要利用好学习强国等网络平台，学习最新的党的理论方针政策，要注意把马克思主义基本原理、马克思主义中国化理论成果同最新的理论成果进行对比和联系，把握好一脉相承的关系。

广泛的社会科学知识也是高等院校思想政治教师应该具备的知识技能。思想政治理论与其他学科有着千丝万缕的联系，高等院校思想政治教师只有具备广博的知识，才能把政治理论讲活、讲透，增强课堂感染力。思想政治教师要利用好网络平台，一方面，要加速自身的知识储备，更新知识结构，熟悉网络思维和网络语言，以便更好地和学生交流；另一方面，教师也要关注时事，这既是职业要求，也是做好学生思想工作的关键。教师运用自己专业理论与学生一起讨论他们关心的社会问题，有助于拉近师生关系，更好地引导学生树立正确的思想观念。

4. 提高信息素养，建立优质课堂

随着信息技术的发展和普及，信息技术在教学上的应用已经成为事实，但实际应用程度在不同地区、不同学科还存在差异。就思想政治课程而言，应该抓住信息技术发展的机遇，对教学方法进行改革。首先，教师的信息技术能力有待提升。高等院校思想政治教师要积极主动学习和探索信息技术在教学中的应用，可以通过培训、教师技能大赛和同行学习等方式，注重新技术的掌握。其次，思想政治教师要利用好信息技术来改善传统课堂，进行师生角色的调整。通过教学改革，给学生提供平等交流和互动的平台，教师在教学中不再是灌输知识，而是发挥引导作用，进一步激发学生的学习兴趣，变被动学习为主动学习，提升思想政治课程实效性。

5. 关注学生心理，加强师生沟通

高校思想政治教师不仅要具备优秀的管理才干，还要有丰富的教学经验。作为一名合格的教师，不仅要热爱自己的学生，在工作中表现出热情，还要有强烈的责任心。对于刚跨入大学校门的学生来说，他们的心理还不成熟，很多方面还需要思想政治教师去进行积极的引导，思想政治教师在这方面的任务还是十分艰巨的，一方面，要通过心理学、教育学和管理学来使自己的管理理论实践进行进一步的充实；另一方面，还要通过一些如高校教师的工作交流会来使自己的实践经验得到进一步的发展。

党的十七大报告中显示，在高校的思想政治教育过程中要注重以人为本，着重注意对人的管理，在思想政治教育过程中加强对人文关怀的培养并进行心理疏导，主要以大学生的全面发展为主要目标。在思想政治教育过程中要切实做到以人为本，以学生为本。要立足于当前的形势，在新的挑战条件面前，注意学生的切身利益和实际需要，本着这样的出发点来改进传统观念。我国存在教师与学生之间相互对立的情况，他们一直是处于一种管理与被管理的关系，我们要注重服务观念的转变，即意味着要师生之间要相互学习，学生要在人文关怀中共同成长，有着这样的管理教育态度和学习态度才能真正做到服务理念的转变。学生之间不管是在学习上还是在工作上都应该多交流，相互沟通，如果出现了什么问题教师要本着人文关怀的态度对学生进行心理辅导，对他们的思想进行积极的引导，以帮助学生的身心健康发展。

6. 实施鼓励教学，提高学生积极性

对高校大学生思想政治教育习得的成果检验也大都是以考试的形式来进行检测的，并且很多学校的考查方式并没有取得显著的效果。要想进一步提高思想政治教育的学习成果的效率，仅仅靠考试来考查是不够的，还需要对检查方式进行丰富。如今的很多高校的思想政治教育都是以考查其理论知识为主要的方式，这种考查方式在一定程度上使学生的积极性和主动性大大降低了。

很多学生并没有将理论知识应用于实际生活中，也没有用所学的理论知识去检验和思考其在实践中的真理性，甚至有的学生完全没有意识到高校思想政治教育的重要性，只是将其当作是完成学业过程中的一项任务来执行，没有意识到思想政治教育对于他们自身的成长是非常有帮助的。因此，只有改变了对学生的思想政治教育方面的成果的检查方式，才能在本质上提高他们的思想政治教育的学习效率，尝试使用多元化的考查方式来增强学生对思想政治教育的学习兴趣，提升学生们对其的重视程度。例如，让学生根据某一个特定的主题，自己去组织进行一场实践活动，将课堂所学的理论知识应用于生活实践中，在该活动的举办期间，教师应该不去干预学生们组织活动的进行，让学生真正做到是实践活动的策划者和执行者，这样有利于学生的实践能力和主观能动力的发挥，还能够让学生在活动中体会到学习和成长的乐趣。

7. 注重因材施教，改善师生关系

高校的思想政治教育内容还包括探究如何增加学生对知识的渴望和追求的热情，对知识的渴望本质上算是在内心上的一种疑惑和好奇的心理。当代大学生不管是在他们的心理特点上还是在思想特点上都发生了很大的变化，他们缺乏对思想政治教育方面的理论知识的学习兴趣，他们认为这种束缚的讲解枯燥无味，这些都是降低学生学习兴趣的因素。因此，高校思想政治教育在这样的情况下应该积极去开拓自己的知识面，对学生的学习兴趣也应该进行深入的了解，并且将大学生的思想政治教育与社会热点密切地结合在一起，这样才能有效地提高思想政治教育的工作效率。

教师要注意拓展自身的知识面，在对国内外的大事进行深入了解的同时还要自身形成自己独到的见解，尽量避免所有人的观点都差不多的情况。教师的工作不仅仅是在教学方面做好自己的本职工作，还应该对自己的学生的个性有一定的了解，做好学生的思想工作，还要熟悉学生的生活与学习上的习惯。这样有利于教师对不同的学生采取不用的教育手段，教师与学生之间不仅仅做到是师生的关系，更像是一种朋友的关系，这样建立在了解的基础上的关系有利于学生的成长和全面发展。

（三）社会方面

近些年，党和国家高度重视思想政治教育工作，注重对高等院校思想政治教师的培养和发展。社会要重新认识思想政治课程与其他学科的密切关系，以及对学生成长成才的关键作用。各级党委和政府也要对思想政治课程给予高度重视，深入了解思想政治课程实际情况，对思想政治教师给予关怀和慰问。利用好互联网进行宣传和引导，树立先进典型，讲好高校思想政治教师的育人故事，让全社会了解思想政治教师的工作，消除对思想政治教师的质疑和偏见，使大家都认识到思想政治教师肩负立德树人的光荣使命，让他们享受应有的社会声望。全社会尊师重教的氛围和对高等院校思想政治教师的高度认可，会极大激发高校思想政治教师，不断修炼职业技能，提升自身核心素养，为培养社会主义可靠接班人做出更大的贡献。

第五章 “互联网 +”时代高校思政教学模式的创新

互联网带动了自媒体的发展，人们获取信息和表达观点的渠道变得更加多元。在信息传播方面，自媒体具备去中心化、交互性强、传播迅速、内容良莠不齐等特点，对大学生群体的思想状况、思政工作的传统教学方式，以及高校的应急处置机制都具有很大的冲击力。在正视这些客观事实的同时，我们必须认识到各种形式的新媒体对思政工作的推进更具有灵活性和多样性的优势，对学生也具有更切身、更强大的吸引力和渗透力。因此，在学校指导下，充分吸收学生中的积极力量，经过对学生关注热度的调研，打造各种形式的互联网思政教育平台，将有利于削减价值多元化和信息碎片化给思政教育带来的负面影响，拉近教师与学生之间的距离。鉴于此，各高校要积极响应互联网时代的号召，抓住互联网给思政教育带来的优势，积极创新思想政治教学模式，争取借助互联网平台提升思政教学的实效性。

本章为“互联网 +”时代高校思政教学模式的创新，第一节分析了翻转课堂的内涵、特点、理论基础，并重点论述翻转课堂在高校思想政治教学中的应用；第二节介绍了慕课的发展和特点，分析了慕课在高校思想政治教学中应用的可行性，并提出慕课在高校思想政治教育中应用的原则和方法；第三节则对“互联网 +”高校思政教育进行总结和反思，以期进一步提升高校思想政治教育的有效性。

第一节 高校思想政治“翻转课堂”的构建

一、翻转课堂的内涵和特点

（一）翻转课堂的内涵

1. 翻转课堂的含义

关于“翻转课堂”是什么，张仁贤（2014）《翻转课堂模式与教学转型》一书中认为："翻转课堂是一种增加学生和教师之间互动和个性化接触时间的手段；它明确了教师是学生身边的'教练'而不是讲台的'圣人'；它是混合了直接讲解与建构主义的学习，确保学生课堂缺席，不会被甩在后面，课堂内容得到永久存档，可用于复习或补课的个性化教育"。即翻转课堂是一种以学生个性化学习为中心，教师在学生自学过程中通过组织教学活动给予他们必要指导的教学方法。

也有一些学者认为，翻转课堂与课上讲知识、课下学习相对，是学生在课前观看教师录制好的或是下载线上的教学视频以拓展学习材料，而课堂则用来解答学生问题、订正学生作业，从而帮助学生进一步掌握和运用所学知识的一种课程教学方式。

从广义来讲，翻转课堂就是一种通过借助互联网信息技术来缩短教师课上直接讲授时间，从而延长线下学生自主学习时间的教学模式。在这个过程中，翻转课堂到底翻转了什么呢？首先是教师与学生的角色分工发生翻转。在传统课堂中，教师课堂的主导者，主导着课堂的教学内容、教学时间及教学形式；学生是课堂的受教者，被动地进行学习，适应教师的教学形态。而在翻转课堂中，教师从课堂的支配者变成了课堂的引导者和组织者，负责引导学生进行自主学习；学生则从课堂的受支配者变成是课堂的主导者，他们可以根据自己的实际情况，主导自己的学习时间、内容和进度，并在合作学习中解除疑惑，由被动性适应向主动性探索转化。其次是教学活动的形式发生翻转。教师从讲台上走下来，不再进行单向知识灌输的"独角戏"，而是成为学生进行个性化和创造性学习的指路人。教师把原先要在讲台上讲解的课程整合成一个二十分钟以内的教学视频，以供学生根据自己的实际情况，选择在课堂外的任意时间段进行自主学习；而在线下，学生在教师的组织下，以小组的形式对线上学习的情况进行反馈，在教师的指导、与教师和同伴的互动中逐步解决自习中遇到的难题和疑惑。最后是教学活动的流程发生翻转。传统课堂教学的流程是课前预习—课堂教学—课后复习与巩固。而翻转课堂的教学流程则恰巧颠倒，主要包括线上学生学习及线下师生互动教学两个环节，主要体现在：一方面，课前预习与课堂新课教学合为一体，把原课堂教学内容录制成视频并放在网络平台，以供学生进行课前自主学习，把本来以教师讲授为主的教学环节变为由学生自主支配的学习环节；另一方面，本来应是学生自主执行的课后复习，变为师生共同参与、合作和探讨的双向交流"大会"。翻转课堂把原来由教师台上讲解课程，学生台下被动接受标准化知识，变成了由师生、生生之间共同合作探究完成的新型课堂，更能锻炼学生学习能力，促进其个性发展，体现新课改的宗旨和要求，与传统课堂相比，在形式、时空及主体对象上都发生了变化，真正实现教学环境、教师教学及学生学习的转化，颠覆传统面对面授课的教学模式。

2. 对翻转课堂的认知误区

正确把握翻转课堂，必须注意避免对其片面认识。一是翻转课堂并没有降低教师在教学活动中的地位，而是更能优化教师的价值和作用，使教师不再是进行满堂灌的“播音员”，而是成为指导学生进行正确学习、助推学生理解和掌握所学知识的“引路人”；二是翻转课堂并不是学生孤立无序地学习，翻转课堂的创新在于它以学生为中心，把课堂交还给学生，但并不意味着由学生主导课堂的一切行为。事实证明，如果课堂完全放任学生进行支配，学生是难以进行有效学习的，课堂也难以达到教学目标。而在翻转课堂中，要使学生能在线上学习获得超越班级授课制教学带来的效果，实现课堂翻转对于学生的个性发展，就必须要通过教师线下的操作指引，包括引导学生合理选择和利用学习方法进行有效学习，以及在学习过程中正确运用知识分析问题和解决问题的能力。除此之外，翻转课堂还要求教师对教学视频、线下教学活动的组织与指导，以确保每一位学生都实现自主发展，真正达到学有所成。三是翻转课堂并非等同简单的视频教学，反而更侧重于线下由师生、生生间对课程进行合作探讨的过程。翻转课堂倡导的线上智能教学只是为了减少教师授课的时间，从而增加课堂中教学活动的时间；为学生主动参与课堂学习，提高自学能力创造可能，也为师生在课堂上进行更多的互动交流与合作探讨开辟了道路。

3. 翻转课堂的意义与要求

“翻转课堂”被誉为是对工业化社会教育方式的某种意义上的“颠覆”。它首先实现了教育教学理念的转换，不再以教师作为课堂的绝对主宰，不再搞灌输式教学，而是通过层层递进的启发式教学、问题导向的情境化教学、以人为本的自主性学习等环节，在人本主义的课堂中实现教育对象新旧知识的交接与新旧思维方式的过渡，达到更好的教育效果。它使得教师的角色也从传统的宣教者变为导师甚至“助产士”。教学方式也随之转变，从主要做宣讲转为主要做研讨，从重在授业转为重在解惑。教学资源也大为拓展，从单纯依赖线下信息转为利用线上线下多方资源。这一切都致力于教育目的的更好实现——激发学生求知热情，锻炼参与和合作意识，进行反思性训练，塑造自由而全面发展的人。“翻转课堂”的一般性教学模式划分为三段。

（1）课前“授业”与练习

安排学生阅读以线上资源为主的PPT课件、讲座视频及图书资料等，在课前就对本阶段课程的知识性内容有一定的了解，并可以通过互联网社区、QQ群组等新媒体手段与教师、同学进行初步的交流，共享优质教育资源，自主掌握学习进度，打下较为扎实的知识基础。

（2）课堂“传道”与“解惑”

教师不再把绝大部分时间和精力放在课堂讲授上，而转为在精简的课堂上进行个性化答疑与思维引导，同时培育相互砥砺与支持的氛围，以问题为导向，以团组讨论和项目化训练为支撑，开展广泛深入的研讨活动，实现“深度学习”。

（3）课后内化与实践

经过基础学习和互动答疑后的知识，还要让学生通过课后实践活动获得更真切的认知。这也符合著名教育家杜威的“教育即生活”理论，力图实现“活动教学”（实践教学）与生活经验的持续改造与重组。这样一个新型的教学闭环就完成了。

（二）翻转课堂的特征

1. 强调学生的主体地位

教师在传统教学模式中占据主导位置，并具有绝对的课堂话语权。而翻转课堂教学模式则是以学生为主体，教师是教学活动中的组织者和引导者，并在课堂采取因材施教的教学方式，帮助学生扎实有效地掌握新知识、新内容，这样不仅有利于提高学生的学习斗志，提升学习效果，还有助于强化学生的学习信心，促进其更好、更快的成长。

翻转课堂教学模式中，学生是教育的主体，学生更趋于主动学习，加强知识记忆，从而有利于培养学生自主学习意识和创新意识。

2. 转变传统教学的观念

我国长期受到传统教学模式的影响，固有的教学观念根深蒂固，“以学生为教学主体”的教学观念很难实现。翻转课堂在高校中的应用真正体现了学生的主体地位，转变了传统的教学观念，促进了高校教育事业的持续发展。

3. 能发挥学生的主动性

翻转课堂与传统课堂相比，其最明显的特征在于以学生为中心，课堂变教师的“教”为学生的“学”，无论是线上课程自学，还是线下的探讨学习；无论是课程的预习或是复习，都是学生主动完成的。这种以自学为主的教学最重要就是强调教学对象——学生的自觉性学习，即学生主动接受课程的学习，他们按照自己的学习进度，支配自己的学习时间，根据自己的学习习惯制订适合自己学习能力和特点、最有利于实现使自己实现相应课程目标的学习计划。在这个过程中，学生可以根据自己的实际情况只学一次，也可以反复学；可以在线视频学习，也可以线下同伴交流；可以独立学习，也可以集体合作探索，自主选择自己喜欢的学习方式。而在“线下探讨学习”阶段，学生在教师的引领下有序汇报自己的自学成果，并通过小组合作探讨，在教师和同伴的帮助下突破难点，逐渐提升和深化所学知识。在这种新型教学模式下，学生对学习的态度已从被动性接纳转变为主观性意愿，他们必须是对课程产生一定的主观目的性才能使其学生行为具有自主性。因此，调动学生学习的自主性，调动其参与课堂教学的积极性便成为翻转课堂中教师的主要任务，这就要求教师不仅要结合学生的学习能力，认真制作好每一次教学视频，使学生初步认识到每节课程的学习内容和学习目标，为学生主动参与到线下教学活动做准备；而且在学生进行线上学习后要对其展开进一步提问和互动，了解学生对知识的实际需求和接受程度，营造学生乐于接受的课堂秩序，引导学生主动参与到深入探究学习的环境中去。

4. 教学活动具有灵活性

高新技术使得教师和学生从传统课堂的束缚中解脱出来，在翻转课堂中，教师不再停留在讲台上念教材，学生也不只是坐在固定位置上听教师念教材，教师把课程讲解录制成视频，让学生在课堂之外自行观看学习，这就意味着课堂将会有更多时间让教师组织安排更多教学活动，学生也将有更多时间交流和探讨，将所学的理论知识加以实践运用。这种探究式的课堂，可以根据需求采用多种多样的教学活动来进行教学。教师可以针对本班学生的学习特点，来组织学生参与游戏式、活动展示等，能使学生迅速投入课程学习的教学活动，例如，某学院采取游戏教学机制的翻转课堂实践，就是为了调动学生学习并能运用抽象公式的兴趣而准备的；教师也可以根据课前收集到的学生学习所提出的疑点难点，来安排有利于学生分析并解决问题的教学活动，例如，分组讨论、情景演示等活动，像加拿大哥伦比亚内部高中数学课及广州市天河区的“天云项目”中的翻转课堂实践都是通过创设情境教学来帮助学生解决问题的；教师还可以根据教学内容对于学生的难易程度来选择合适的教学活动，比如针对一些抽象复杂的学习内容，可以增加情景演示、案例分析或者漫画展示等教学活动，这样才能激发学生的求知欲，使其通过积极的情感体验来理解和掌握所学知识。事实上，翻转课堂是对课堂的简化，其核心是自由、主动地学习，而非产线上的严格流程，教师可以根据学生的具体情况，采取不同的教学活动来帮助学生强化其自学中所学到的知识。

5. 教学载体具有智能化特性

在翻转课堂中，数字化智能技术是有利于教师开展以教学活动为主的教学，学生自主安排学习活动的关键载体，实现了对传统课堂在时间和空间上的反转。翻转课堂中的教师，首先，运用手机、电脑、摄像机或DV录像机等数字化设备将教学内容录制成视频；其次，运用云技术上传到网上，接着教师可以选择直接把视频传给每个学生，也可以为这些课程视频寻找或者创建学习的在线平台；最后，指导学生通过注册、登录个人账号去下载相应的课程视频进行观看，并完成一定学习任务。在这个过程中，翻转课堂在整个课前准备环节都是需要教师正确操作一定智能设备的，翻转课堂的前提就是要依靠这些智能化手段，使教师真正从讲台走下来，避免单纯面对面授课给课堂带来的僵化，把课堂的主动权还给学生。翻转课堂中的学生，无论是获取和操作在线视频，还是进行线上课程检测和反馈，都是需要一定信息智能技术才能实现的。除此之外，学生还可以在平台上与教师和其他同学进行学习成果的共享，通过线上互动交流，提出自己在自学过程中遇到的问题，然后选择向教师提问或请教同学；同时也可以帮助其他同学答疑解惑。因此在翻转课堂中，我们可以体验到智能化学习带来的快乐，它不同于把所有人局限在固定范围内进行集体教学，而是每个人都可以通过技术平台参与到集体讨论中去，既不必受到时空的限制，也弥补了传统教学中受条件限制而难以实现个别教学的缺陷。因此，从一定意义上讲，翻转课堂就是一种通过不断利用智能平台所提供的功能来使教学更便捷化和高效化的智能教学模式，在这种教学模式下，数字化设备已经不再是简单辅助教学的工具，而是改革传统教学，解决教师难教和学生难学等问题的必备工具。

6. 促进师生的合作与交流

尽管翻转课堂强调要以学生为中心，让学生主动学习，但无论是课前的视频自学，还是课堂中的课程检测和合作探讨，都是需要教师对学生进行组织和引导的，而不是任由学生随心所欲地主导课堂。翻转课堂之所以能够得到越来越多学校的推广使用，就在于它在教学过程中做到师生协同化参与教学过程，它抛弃了以往课堂中教师讲、学生听的传统做法，采取让学生动嘴讲、动手做，教师在旁边聆听和指导，有必要时加以纠正和点拨，双方相互合作，共同达成课程的教育目标。这主要体现在：课前，教师需要根据班级学生的发展水平，以及教学的内容为学生提供自学视频，通过视频间接指导学生明确课程的重难点，并通过相应练习巩固知识点，初步达成课程目标。这时学生也需要配合教师自觉观看视频自学，根据教师提供的讲解资料和练习题获取知识。在这个过程中，师生通过相互配合，学生对新课有一定的认识，教师也掌握了学生对课程整体的把握程度，为接下来课堂的答疑解惑做准备。而在课上，教师的提问需要学生积极配合发言，同样学生的发问需要教师的耐心指导和讲解；学生在参与小组形式的教学活动中需要教师在事先组织好，在过程中加以一定的指引和控制，学生面对教师安排的教学活动需要积极主动地带着问题参与其中；学生当堂接受教师布置的课程作业，教师及时给予反馈与评价，并针对易错易混点进行针对性讲解。整个课堂教学都是需要教师与学生相互合作，共同参与，齐心解决问题的协同化过程。正如赵国忠教授所言：“翻转课堂它看似是一种创新，但实际上，它只是一次回归。其目的在于建立一个可持续的课堂生态体系，在这个体系内，每个人都有自己的位置，并发挥着不可替代的作用”[①]。

二、翻转课堂研究的理论基础

（一）建构主义学习理论

建构主义学习理论起源于20世纪90年代，认为学习的发生需要学习者内在认知的主动建构，而不是单纯的刺激和反应之间的联结。建构主义学习理论强调两方面：学生的主体性和教师的主导性，一方面，注重学生主体性的体现，关注学生主动学习、主动加工的过程，认为学习是学生主动实现意义建构的过程，单纯依靠课堂上教师一贯的讲解是不能实现学生对知识的意义建构。另一方面，关注教师的主导作用，在学生学习的过程中，教师需要在了解学生认知水平的基础上，通过创设学习情景，帮助学生实现对知识的意义建构。

翻转课堂是让学生在课前利用教师所提供的学习资源自主学习，实际上是对课堂学习时间的解放，如此一来在课堂上就能够留出更多的时间供学生支配学习，教师通过学习活动的设计，让学生主动学习，锻炼学生对于问题的探究和解决能力，体现了学生对于知识进行意义建构的过程。

（二）认知负荷理论

认知负荷理论是1988由澳大利亚的认知心理学家约翰·斯威勒（John Sweller）提出的，主要探讨学生在学习过程中对于知识进行加工和内化的过程，基于人的认知特征强调学习效果与教学模式的关联性。约翰·斯威勒提出了三种认知负荷：①内在认知负荷：来源于学习者已有的认知水平和要达到的学习目标；②外在认知负荷：是指在学习过程中对学习产生干扰作用的任何外在影响因素，如对学习环境的不适应、对知识的排斥、枯燥的教学模式等；③相关认知负

① 赵国忠，傅一岑．微课：课堂新革命 [M]．江苏：南京大学出版社，2015.

荷：指促进学习效率提高的外在条件，如强烈的学习动机、有吸引力的教学模式等。

结合翻转课堂的特点，分析其对于学生认知负荷的影响，对于这种教学模式的应用具有理论指导意义。第一，翻转课堂通过让学生课前自由支配时间来学习内容，有充裕的时间对新知识进行了解，使得学生的内在认知负荷达到一种最佳状态。第二，所提供的课前学习材料的提供，一方面，能够让学生提前了解所学习的内容，形成对知识的初步认识，起到了学生从现有的知识水平到学习目标之间的桥梁作用；另一方面，视听结合等多样化的学习资源有助于调动学生的学习兴趣；第三，据相关研究表明小目标、阶段性任务、经常重复等方式对于减小整体认知负荷有很大作用，[①] 课前预习对于降低个体的内在认知负荷具有显著效果，这些研究对于翻转课堂能够促进学习提供了支持和可能机制。

（三）混合学习理论

混合学习理论（B-Learning）的提出源于网络学习（E-Tearning），它是在对于网络学习的研究进入低谷时，学者对单纯依靠技术学习进行反思后提出的一种新型学习理念。混合学习理论强调数字化学习和常规学习的结合，解释了二者之间的关系：数字化学习是为了辅助常规学习。常规学习并没有在数字化教学改革浪潮中落伍，它的教学优势是数字化学习无法完全取代的。华南师范大学李克东教授认为，混合学习理论是对网络学习（E-Learning）研究后的进一步反思和总结，是对不同教学理论、教学模式、学习媒体、学习环境、教学方式的混合，有机整合了面对面学习和网络学习（E-Learning）的优势，降低了学习成本，提高了学习效果。

三、高校思政教育应用翻转课堂的可行性分析

（一）翻转课堂是教育改革背景下对传统教学弊端的突破

在教师教学居主导地位的“满堂灌”的“填鸭式”的传统教学方式，知识局限于课本、评价局限于分数，学生处于被动接受知识的地位，束缚了学生的积极性、创造性，不利于学生创造性思维的发展。由于师生沟通的有限性，从师生的交流总体来看是单向进行的，对于学生的兴趣点和思考的焦点、难点未能做到完

① 戴维·乔纳森. 学习环境的理论基础 [M]. 郑太年，任友群，译，上海：华东师范大学出版社，2001.

全把握，不利于教学相长。大数据时代的到来，已然改变并正在不断改变着人类的生活样态和学习方式，强化教学效果。高校思想政治理论课必须利用大数据的技术手段，构建新的教学模式，创造新的教学方法，翻转课堂教学模式应运而生，翻转课堂中，学生可以通过网络等多种渠道获取丰富的学习资源，打破教师对知识“垄断”的权威。翻转课堂改变课程过于注重知识传授的倾向，倡导学习知识的同时发展学习的技能、方法并形成积极主动的学习态度，使学生获得基础知识与基本技能的同时学会学习；改变过于注重学科本位、知识本位的倾向，注重培养学生探究性学习能力和创造性思维，加强学生的实践能力；改变“要学生学”，强调“学生要学”，提高学习的主动性、积极性；改变过于注重甄别与选拔的评价，强调评价有助于教学改进及学生发展。

（二）翻转课堂依托现代信息技术满足大学生的实际诉求

基于互联网的普及和计算机技术的发展，现代教育技术得以迅速发展，高校思想政治理论课拥有丰富的网络教育教学资源，都为翻转课堂的开展提供了技术和资源支持。我国教育信息化的发展，为教育教学提供了丰富的视频资源，如高校精品课程网、超星视频教学、网络公开课、爱课程、微课网等。与此同时，国家整合高校的优质资源，成立了东西部高校课程共享联盟，共同推进高校创建网络共享平台课程，形成优质视频网络课程的共享机制，如精品资源共享课、教育资源云平台、大规模网络公开课等网络教学和资源共享平台。当代大学生的典型特点是喜欢表现自我、展示自我，并从中活动满足感和存在感，因此对传统教学方式具有本能的排斥和反抗，为更好地激发大学生的这种主体性诉求，需要在教育教学过程中得到应有的表达和释放，就会提高学生的学习兴致和课堂的教学效果。现阶段，各种新媒体层出不穷，如腾讯 QQ、微博、微信等，学生可以通过多种便捷的方式进行自主学习，通过网络平台实现交流互动及资源共享，为翻转课堂的实施提供了强有力的保障，真正实现思想政治理论进教材、进课堂、进头脑。

四、高校思想政治教学应用翻转课堂的优势

（一）有利于调动学生的积极性

根据美国学者爱德加·戴尔提出的“学习金字塔”理论，把学习者的学习方法分成七层。在传统课堂中，学习者的学习方法侧重于“听讲”“阅读”“视听”

和“演示”前四层的被动学习中。而在翻转课堂中，学习者的学习则更倾向于“讨论”“实践”和“教授给他人”后三层的主动学习中。翻转课堂教学借助信息技术将知识的直接传授由课上转到课下，教学过程由教师的教变为学生的学为主，使学生在课堂中树立主人翁意识，积极主动地去学习。

翻转课堂强调少教多学，有利于调动学生参与自主学习的主动性。翻转课堂在课前，教师为学生提供微课视频进行自学，免去传统课堂统一教学要求给学生学习的多样性带来的限制。笔者发现，通过课前的微课自学，大部分学生是能够基本掌握相应课程的基本内容的，甚至还有很多表示可以完全掌握课前教师通过微课传递的课程内容，这就说明当下大学生已经具备一定独立学习的能力，因此会不自觉地产生自主学习的欲望，而微课教学中的他们可以自主支配自己的学习时间和学习进度，自主安排自己的学习内容，自主选择适合自己的学习方法和学习环境，而不再依赖于教师的安排，也不必被动地去适应教师的教学节奏，有利于学生根据自己的实际情况进行独立学习，这种教学手段是符合高校学生的身心发展需求的。

翻转课堂强调从做中学，有利于调动学生参与课堂学习的积极性。思想政治教育作为一门理论性较强的学科，如果不加以一定形式的探究活动，学生是难以理解所学知识的。翻转课堂主张把授课内容放到课前，让学生根据自己的情况进行自学，而课堂主要是针对学生存在的疑惑展开合作探讨，这样就使课堂有更多时间可以组织教学活动，以便学生能从实践中悟出真知。在翻转课堂上，各小组有共同需要解决的问题，从而促使学生积极去进行思考，教师有针对性地答疑解惑也推动着学生有目的地深入课堂探讨活动中，进一步激发学生对问题的求知欲。在这样一种人人参与、活动形式丰富多样的学习氛围中，有利于使学生积极配合教师有效参与到课堂教学中去，大量实践表明，以学生为中心的翻转课堂教学能提高其学习思想政治课程的积极性。

（二）有利于提高师生的综合素养

翻转课堂作为一种新型教学理念，随着教学方法、教学手段、教学过程的变革及教学主体角色职能的转变，对教育主体也会提出不同程度的要求。思想政治教师要正确应用翻转课堂进行教学，必须要具备其教学模式所要求的基本能力，而学生要适应翻转课堂进行自主学习，也必须根据其教学模式的要求掌握一定的学习能力。因此，教育主体在进行翻转课堂教学改革的过程中，实质上也是其综合素养能力不断得以提升的一个过程。

翻转课堂教学有利于提高教师的综合素养能力。一来有利于提高教师的信息素养技能。翻转教学需要教育者录制微课视频以供给学生在课前进行自学，为确保学生在脱离教师面授也能顺利完成基础知识的学习，翻转课堂中的教师必须要掌握录制微课视频及其后续上传管理的正确方法，定时接受学校提供的技能培训工作。很多政治教师认为应用翻转课堂进行教学使其技术操作能力有所提升。二来有利于提高教师的课堂组织和引导能力。在课前，教师需要根据学生的个性特点，组织学生进行有效的自学活动；教师需要通过线上信息传输功能及时收集和解决学生的问题反馈，以引导学生按照要求完成自学任务。在课中，教师需要结合课程内容和学生课前自学情况，组织相关课堂活动；在学生进行合作探讨过程中需要为其进行个别答疑或总体点拨，引导学生按照预设的目标解决相应的问题，避免其偏离方向或答非所问。三来有利于提高教师的课堂管理能力。翻转课堂在课前，需要教师通过操控管理平台或者设置任务等手段，确保学生自觉完成课前基础知识的学习；翻转课堂上教师需要根据学生的反应控制课堂的秩序，避免学生在参与教学活动中违反纪律，这些都反映着一个教师该具备的临场及控场能力，使课堂在有效管控中收放自如，保证学生课堂参与的有效度。

翻转课堂学习有利于提高学生的综合素养能力。一方面，翻转课堂主张的团队学习有利于提高学生的合作交流能力。其主要体现在学生在课前在线与教师或同伴进行问题交流，学生在课堂中参与小组问题探讨，针对疑惑与教师展开互动探讨等，有利于学生发挥自身潜能，同时也在交流互动中及时发现自己的不足，进而取长补短，实现全面发展。另一方面，在翻转课堂中进行学习有利于提高学生的理解分析能力。学生在小组探讨过程中，受到集体学习氛围的影响，更易于激发其思考问题的欲望，调动其分析问题的积极性，在师生、生生合作探讨中推动其对问题的全面理解，有助于培养学生的散发性思维和逻辑推理能力。通过调查发现，很多学生认为翻转课堂教学模式有助于提高他们的合作、交流和表达能力，在沟通合作过程中也有助于他们理解、分析和解决问题的能力。翻转课堂的先行者——杜郎口中学，其课堂教学改革中的“10+35”模式，主张把话语权交还给学生，在课堂上让学生说，使学生会说及敢说，保证学生在教学中愿说，为学生提供充分展示的平台条件，满足了学生探究的需要，使其在交流中增长见识，在合作中成长发展。也有一些高校根据学生的认知规律，通过组织学生疑探结合，促使学生主动提出问题，培养学生合作探究意识，批判质疑的学习态度，从而使学生在团队合作中体会到学习的价值意义。

（三）有利于教学资源的充分利用

翻转课堂在高校思想政治教育工作中的应用，不仅能有效提高课堂的教学效果，培养学生的创新意识和自主学习意识，还有助于设置满足学生发展特点的教学活动，合理应用教学资源。首先，紧扣教材，强化学生知识记忆。在信息时代背景下，人们越来越依赖网络和计算机，在高校思想政治教育活动设置过程中，可以借用多媒体教学设备、网络信息技术制作教学课件，从而更贴近学生的生活，激发学生的学习兴趣，强化学生的知识记忆。其次，进行客观、公正的教学评价，构建高效课堂。在翻转课堂教学模式下，完善高校教学评价体系，对学生在教学活动中的表现做出及时、客观地评价，不仅能有效树立学生的学习信心，提高学生的主观能动性，还有助于营造良好的教学氛围，促进学生的个性发展。因此，在文化多元化发展背景下，翻转课堂教学模式不仅能提高高校思想政治教育工作能力，提高教师问题意识，发挥学生的主体地位，还有助于推动我国现代化发展进程，从而为国家培养更多更优秀的复合型人才。

（四）有利于提高高校思政的教学效果

翻转课堂以其自由开放化的教学形式，搭载智能化的教学设备，设计灵活性的教学活动，营造互动式的分组学习氛围，使得课堂由教师的独角戏变成学生展示学习成果的平台，激发学生学习思想政治理论的兴趣，由此提高思想政治课的教学效果。

翻转课堂通过改善师生关系来提高思想政治课堂的教学效果。在很多师生看来，之所以要在高校思想政治课上应用翻转课堂模式进行教学，是因为这种教学模式有利于改善师生关系。翻转课堂通过转变师生角色，从而提高学生接受思想政治教育的意愿性，使课堂教学由“要学生学”变为“学生要学”的过程，从而增加了师生间的良性互动，师生间由教学与被教学的关系变得更像合作伙伴的关系，真正实现教师的德育树人价值。

翻转课堂通过革新教学形式来提高思想政治课的教学效果。在翻转课堂中，学生通过主动参与小组探讨将理论与实践结合起来，在此过程中，学生根据自己对问题的理解，各抒己见，相对传统教学中教师直接公布答案更有利于学生解决问题，从而加深学生对课程知识的见解。除此之外，翻转课堂中的思政教师也不再局限于站在讲台上传授理论知识，而是参与到学生的讨论学习中，聆听他们的思路和看法，当学生经过合作讨论后，受集体学习氛围的影响，会不自觉地对问题产生深入研究的欲望，教师可以把握住学生此时的求知欲望，有针对性地进行总结归纳，有利于学生有效地吸收所学知识，并能保证学生学以致用，大大提高思想政治教学效果。例如，广州市天河区“天云项目”就把翻转教学实践设置为两大课型，A 课型是自学课，B 课型是情景创设为主的问题探究课，主张在课堂上根据课程的性质结构，综合学生课前学习情况来科学组织 AAB、ABB 或 AB 等各种课型进行教学形式的科学安排。

翻转课堂通过变通教学内容有效提高思想政治课的教学效果。翻转课堂在课前教师通过微视频及导学案收集学生的问题、检查学生的学习情况，因此在课上所探讨的主题是学生在自学中普遍感到困惑，想要迫切需要解决的问题，使得课上教师所教内容符合学生的求知需求；二来学生在参与课堂自主学习时，教师根据对各讨论小组的学习进度和学习特点进行有针对性的个别指导，最终对课程的归纳总结也是教师在指导中通过观察研究学生的总体学习情况进行的有一定科学性的知识点升华过程，因此其课堂教学的内容是符合学生的认知规律的，学生在获取自己想要了解的知识的过程中，主动积极地配合教师进行探究学习，从而提高课堂的教学效果。

五、高校思政教育应用翻转课堂存在的问题

高校思想政治课程在国家的人才培养过程中具有十分重要的意义。然而，长期以来，高校思想政治课程的教学效果并不令人十分满意，比如“假大空”的内容仍然较多，缺乏深入专业的讲解，灌输性明显，不生动，少互动，等等。翻转课堂作为一种新型现代化教学法，被运用到高校思想政治课程教学改革中来，使得师生角色、教学方式、教学资源、课堂次序等诸方面发生转变，让师生共同参与关键学习活动，重在问题研讨、逻辑论辩、案例讨论，并辅之以实践，实现因材施教、循循善诱、教学相长，使得思政教学更加灵活、自主、丰富和富有启发性，有利于已具备相当自主性的大学生进一步摆脱传统思政教育的应试模式而真正提升其人文素质水平。经验之谈已然不少，以下重点谈翻转课堂在高校思想政治课程中的存在的问题。

（一）学校与课程的差异影响翻转课堂的可行性

一方面，“翻转课堂”要求学生具有较高的自主性与学习能力——在课前能够自觉而充分地学习基础知识，并通过新媒体同师生进行初步的交流；课堂上善于发问和参与团队研讨，并进行必要的演讲答辩；课后能够积极参与社会实践，将理论与实践相结合。现实情况是，对于较高层次的高校特别是研究型大学而言，

大学生知识基础和学习习惯普遍较好，教师课程设计力与掌控力较高，大体具备“翻转”的能力，而对于一般高校特别是应用型高校而言，大学生素质客观上并不占优势，习惯了被动式学习，“翻转”的能力相对较弱，短时间内难以承接从课上转移到课下的大量自主性学习任务，“翻转课堂”效果往往大打折扣甚至流于形式。另一方面，课程性质的不同也会影响“翻转课堂”的应用。偏技术性课程一般较适用“翻转课堂”模式，因其课件资源较为同质，内容与学习步骤相似，资料相对稳定且反复使用性强，与教师的主观因素和环境的熏陶条件关联度较小；而对包括思想政治课程在内的人文性课程来说，它们的课程内容差异较大，未必存在一般的技术性学习步骤，通用课件意义有限，与教师的个体意识和思维引导，以及现实环境中的群体性互动与切磋关系密切，人文关怀和思想引导的重要性突出，现实课堂仍是最重要的学习渠道，教师本身的素养、经验与教学设计仍占主导地位，“翻转”空间有限。另外，同一课程不同章节内容的难度、体系性、现实性不完全一样，不同年级学生的知识储备与学习能力不一样，都需要选择性地安排教学方式与侧重点，不可一概而论地套用“翻转”模式。

（二）“翻转课堂”对师生精力投入有较高要求

由于师资力量不足，目前的思想政治课程大多是大班教学（每个教学班人数达百人以上），局限比较明显，难以有效支持“翻转课堂”所要求的学生充分参与讨论和师生广泛互动。在师资问题得不到明显缓解的条件下，唯有拆分成小班教学，而这会显著加重教师的工作量。

另外，不少教师尤其是中老年教师自身信息技术使用能力较差，连 PPT 都做得差强人意，遑论进行精彩的翻转交互设计了。“翻转课堂”模式下，教学的程序性变弱，每次课堂的生成性与创新性较强，需要教师的权变应对，且课下也增加了不少互动交流任务，这就需要较强的新媒体技术支撑与时间投入。通用课件往往也需要团队合作，共同研讨与制作，还要不断更新。这都给教师群体带来了“改革中的烦恼”。此外，不可忽视的是，在实践中也有不少大学生反映“翻转”后课外时间占用过多问题。诸多科目都要求在课外进行大量阅读、实践及演讲准备，并未有合理的统筹分配，造成“课下紧紧张张，课上松松散散”的疲于应付局面，这显然不宜过度加重学生课业负担而影响其真正兴趣的培养空间。

（三）学习碎片化与知识系统性之间存在矛盾

“翻转课堂”模式把大部分学习时间留到了课外，基础知识由学生自学，课堂上一般不再进行系统性的、专题性的知识讲授，这可能会造成大学生学习的碎片化与知识的系统性之间的矛盾，学科思维和系统认知难以建立。特别是思想政治课程涉及大量的政治、历史、社会类知识，学生实际上未必具备高度的辨别力与逻辑推断力，碎片化知识、片面性观点、偏激化思想、虚假性判断会乘虚而入，借助于新媒体的复杂环境，可能造成持续的甚至深远的负面影响，既对学生的健康成长不利，也对国家的和谐稳定发展不利。即使有了教师在课堂上的适当引导，恐怕也力有不逮，因此包括思想政治课程在内的人文类课程更加要求系统性思维和递进式认知，碎片化的学习和有限的问答往往难以达到理想的教学目标。

（四）翻转课堂给考核机制带来难题

翻转课堂显著改变了传统的教学模式，自然也引起了考核机制或方式的变化。课堂一般知识性教学的比重明显下降，个性化与研究性学习比重明显上升，这就使得考试的统一化与个性化之间的矛盾显化。如果过于注重前者，则学生参与课堂“翻转”的积极性就会大打折扣，毕竟考试的“指挥棒”功能仍然存在；如果过于注重后者，则统一考试的意义也会大打折扣。另外，还有分组研讨与实践的精准考核问题。由于较大的课堂规模与较少的师资配备，思想政治课程往往在“翻转”的过程中采取分组研讨与实践的形式，而如何给予每名学生以公平客观的考核分数也成为难题。

六、高校思想政治教学应用翻转课堂的目的

（一）推动教学模式的创新

翻转课堂教学模式是对传统教学模式的颠覆，传统教学中教师课堂讲授，单向灌输教学，学生课后完成相应作业，缺乏灵活性。翻转课堂教学模式是“学生自主学习—教师引导学习—课后实践交流学习”。在课下，学生自主搜集资料，学习理论知识；在课上，学生自行讲解，教师深入引导，组织学生互动，加深学生对知识的理解，进而通过实践让知识内化于心，外化于行。在翻转课堂教学模式中，学生主体地位明确，充分发挥了学生的主观能动性，打破传统教学模式的枯燥乏味。

（二）提高学生的自主学习能力

当代大学生特别渴望表现自我、展示自我，从自我表现、自我展示中获得“存

在感”的满足。他们对于传统教育教学的说教，具有本能的反抗和拒斥。若这种主体性诉求和需要在教育教学过程中得不到应有的表达和释放，就会导致学生对课程厌恶感的产生和积聚。针对大学生这一特点，适时调整教学方案，创新教学模式，能激发学生学习的主动性，改善思想政治理论课学生参与度不高、缺乏兴趣的现状，从而调动学生学习的积极性和主动性，激发学生的求知欲、探究欲，使学生的潜能得到最好的释放。在课下学习的过程中，促使学生逐步树立自主学习意识，强化学习的主动性，增强学习过程的自我监控能力和学习资源管理与应用能力。

（三）真正实现教学相长

在“翻转课堂”教学模式中，首先，教师利用网络平台等媒介手段提供给学生自主学习的资料；其次，在课堂上要做好引导，及时掌握学生对知识点的把握情况，做好知识答疑和处理一系列突发问题；最后，在课外学习部分教师要做好引领和指导，做到理论联系实际。翻转课堂教学核心的组成部分是教师精心编排、做好相关视频的教学资源的统筹规划，这对教师的课堂掌控能力和知识掌握程度都有更高的要求，同时也能推动思想政治理论课教师全面提升教学能力。所以说，高校思想政治教学应用翻转课堂，对师生各方面素质的提高都能起到促进作用，实现了教学相长。

七、翻转课堂在高校思想政治教学中的应用

（一）高校思想政治教育应用翻转课堂的必要条件

1. 翻转课堂实施前需对师生进行针对性的培训

通过对相关教师的培训使教师深刻了解到教育信息化对高校教师专业发展的影响，有助于教师转变教育教学观念，主动积极探索翻转课堂等新型教学模式，对适合翻转的教学内容进行设计，能利用相关软件设计和制作微课及课件，能建设网络学习平台并将其应用到翻转课堂中。

对教师和学生的培训要在调研的基础上进行，要具有目的性和针对性，培训前可采用专题会议、问卷调查、访谈等形式收集相关信息，根据调研结果，通过数据统计分析，确定培训内容，实施培训。对学生进行培训目的在于使学生了解信息时代的学习方式和方法，了解翻转课堂的内涵、特点、意义，清楚学习流程及新的授课方式，熟悉网络学习平台的基本功能，更好地配合教师实施翻转课堂

的教学开展，并能熟练利用网络等资源进行课前及课后的学习、交流和总结，确保翻转课堂的有效性。

2. 实施针对翻转课堂的教学评价改革

翻转课堂应打破传统的学生成绩的评价机制，在信息技术环境下实行新的教学模式。为使成绩更具有效性和全面性，提高学生对翻转课堂的积极性，应遵循课前、课中、课后一体化评价方式，然后再与期末考试成绩相结合。课前考核应包含以下几个方面：网络学习平台应用情况，登录平台的频率；在线自主学习情况，能较好地学习微课等其他学习资源；与教师的交流情况，是否能够与教师积极交流，向教师提出疑惑、分享心得等。课中考核应包含课堂表现情况、课堂任务完成与否、学习活动参与度及个人在团队中的贡献等等。课后包含完成课后作业、测试情况。教师按照学生评价量表对学生进行评价，得出总分，最后求出翻转课堂的平均分。期末考试后，将此分数与期末考试成绩分数按照一定比例算出加权平均数，以此作为学生的最终成绩。这样更能反映一个学生的真实状态和水平，使用课前、课中、课后一体化评价与考试成绩评价相结合的方式，可以鼓励学生积极参与，提高学生的综合能力，促进学生的全面发展。

高校思想政治理论课教学在大数据时代的背景下，务必要结合“95 后”和“00 后”大学生的新特点，及时转变思想观念，创新教学模式，通过重构教学秩序，改变传统单一教学模式，突出学生在教学中的主体性，全程和全面参与教学，使翻转课堂的教学模式更具有吸引力和创造力。为更好地适应“翻转课堂”的新要求，思想政治教师要积极参加教学能力创新培训及相关学术会议，多与同行进行教学交流，并深化教学团队合作，打造新型教学改革团队，全面提升思想政治理论课教师的综合素质和教学能力。

（二）基于翻转课堂的高校思想政治教育的模式设计

1. 准备环节

准备环节主要是学习资源的制作，如教学视频、图片、文字资料、作业等的准备工作，学习资源制作的主要参与者是学生，教师加以指导和审核。让学生参与制作学习资源的原因有以下三点：第一，考虑到学生的特点和需求，大学生主观能动性较强，具有独立思考的能力和比较清晰的是非观，遇到问题具备一定的分析和解决能力，这是选择让学生制作学习资源的前提。第二，让学生制作学习资源，既能体现学生的主体地位，又能增强学生的主人翁意识，学生既是课堂的学习者，又是课堂的建设者。第三，一些教师对于制作视频资源有畏难情绪，让学生制作视频资源能够减轻教师这方面的压力。

准备环节的具体说明：首先，教师按照合适的原则对学生进行分组，每组选择（或教师分配）主题。其次，每组合理分工，开始制作学习资源，在制作的过程中，如有疑问或困难，可向教师寻求帮助。最后，教师审查学习资源，学生进行修改，直至审核通过后，即为完成了学习资源的制作。在此过程中，教师记录各组学生的整体表现并进行过程性评价。

让学生参与制作视频资源，教师需要注意以下两个方面。

（1）提前了解学生的信息技术水平

了解学生是否具备制作视频资源的操作技能，考虑到因年级、专业、地区的不同，学生之间信息技术水平的差异，教师可以在开课初或开课前设置先导课，讲解视频资源的制作方法，如何使用录屏软件，如何制作微课 / 视频等，并向学生推荐优质资源课程网站。

（2）合理分组

教师需要结合课程内容的不同和学生的特点进行合理分组，综合考虑教学内容、教学目标、教学活动、实施效果、可行性等方面因素，可以参照学号、专业、宿舍、家乡、座位等进行分组。总之，合理分组的目的旨在便于组内开展活动，实现活动目的，达到教学目标，提高教学效果。

2. 课前环节

学生课前自主学习所提供的学习资源，同时可借助网络平台进行交流讨论。教师对学生的问题进行总结分析，对于共性问题和个性问题设计解决方案。教师需适时抛出讨论问题让学生发言讨论，并对学生的讨论情况进行记录。本环节的过程性评价，主要是对学生的学习进度、学习资源点击或下载次数、网络交流讨论情况等方面的评价。

学生课前自主学习环节，没有教师的监督，如何了解学生的学习情况和效率，这也是翻转课堂在实施过程中的一个难题。结合这一问题和学校的教学条件，作者提出教师需要观察和记录学生的学习状态，其目的是：第一，能帮助教师了解学生的学习情况；第二，能对学生的表现起到实时的激励和督促作用；第三，能发现学生在课前学习的过程中存在的问题。这方面的解决方案可以根据学校的教学条件和学生的实际情况确定，如果学校有 Blackboard 或类似的学习管理系统，教师可以利用这些平台收集学生在课前学习的相关信息。另外，教师也可以选择使用 QQ 群，QQ 是在大学生群体中使用相当普遍的一种网络交流平台。教师将学习资源上传至 QQ 群共享，学生下载学习，教师可以查看下载量，同时能够了解学生的交流讨论情况，总结学生在学习过程中出现的问题。

3. 课中环节

基于翻转课堂教学模式的课堂中，教学活动的主体是学生。在课前自主学习的过程中，学生已经根据所提供的学习资源对本节的知识进行了初步学习，并且借助网络平台进行交流讨论，同时教师也将问题进行共性、个性分析，因此在课中环节，教师的角色是辅助和引导学生学习的“导演”，学生是完成整个活动的“演员”。

课中环节共分为七部分：检测自主学习情况、组内 / 组间交流分享、教师讲解并点评、完成课堂任务、组内 / 组间互评、师生共同总结、过程性评价。在教学实践中，教师可以根据实际情况对这七部分进行顺序或形式上的调整。各部分具体内容如下。

（1）检测自主学习情况（教师活动 / 师生活动）

教师在课堂上通过提问或小测等方式对课前自主学习情况进行检测。此环节也可以按照实际情况选择在课前完成，由教师根据学生所提交的作业进行检测。

（2）组内 / 组间交流分享（学生活动）

学生根据在课前自学的过程中所发现的问题进行交流分享，交流形式可根据课堂人数选择组内或组间交流，一起解决部分问题，然后将未解决的问题快速发布在交流群中（也可在课前提出）或在课堂上现场提出。

（3）教师讲解并点评（教师活动）

教师根据学生发布在交流群中或在课堂上提出的共性问题进行讲解，强调学习内容的重点和难点，并对学生在这一环节中的表现做出点评，点评时需具体说明学生在哪些地方表现优秀，鼓励学生继续保持，同时应指出不足并提出建议。

（4）完成课堂任务（学生活动）

学生按照要求完成教师在课堂上所布置的任务。

（5）组内 / 组间互评（学生活动）

学生通过纸质或网络交流平台如 QQ 群进行组内和组间的匿名评价，主要是对学生在课堂上的学习状态和表现进行综合评价，如参与讨论情况、回答问题情况、对小组活动的贡献等。

（6）师生共同总结（师生活动）

教师和学生共同总结学习内容，并对学习重点和学习难点进行点拨，帮助学生进一步加深对学习内容的理解。

（7）过程性评价（教师活动）

教师对学生在课中环节的表现进行记录，作为本环节的过程性评价，主要观察学生在课堂上的学习状态和表现，如参与讨论情况、回答问题情况、任务完成情况等。

4. 课后环节

学生课后通过观看学习资源或完成教师所布置的任务实现对所学内容的巩固，实现知识的进一步内化。学生对本节内容的教学资源、教学设计、学习效果等内容进行反馈，教师收集学生的反馈和建议，并实时查看学习资源下载量，对学习资源和教学设计进行修改和完善，对教学进行反思和总结。在此环节教师可进行过程性评价，主要是对学生学习效果的反馈和提出建议的积极性以及学生所制作的学习资源等方面进行评价。

（三）高校思政教育应用翻转课堂的反思

在实施高校思想政治翻转课堂教学的过程中，我们必定会发现其中各种各样的问题，这些问题体现着翻转课堂的局限性。所以我们必须加强教学反思，根据反思的结果对教学策略进行调整，以有效实现翻转课堂在高校思政教育中的价值。

（1）思想政治教师要根据学校和课程的不同情况，给予翻转课堂区别性对待

较高层次的高校特别是研究型大学可以更多地运用翻转课堂模式，突出自主学习和研讨式学习——当然，这也需要各科目任务之间的统筹安排，不能过度加重学生的课外负担而造成“课外紧课内松”。而应用型高校则适宜有限的“翻转”，更重视教师的主导作用，不过度依赖于学生的自学，知识讲授与受控训练仍然占据重要地位。正如研究者指出的，考虑到不同层次不同类别学生的实际情况，翻转课堂往往是作为讲授的补充而非彻底替代。偏技术性课程更适用翻转课堂模式，充分利用“互联网+”时代广泛而丰富的云平台，同时包括思想政治课程在内的人文性课程更需要现实互动、人文关怀和思想引导。但是涉及难度较大的课程或章节，或对于高龄教师、低年级学生，不宜采用一般的翻转课堂模式，传统教学法仍占优势。

（2）高校应提供相应的新媒体技术支撑与及时的师资培训

翻转课堂对课件的制作技术和新媒体互动路径以及课堂的交互设计与创新要求较高，这就需要高校提供相应的新媒体技术设施，提升教师运用新型教学法的意识与能力，强化团队合作，适当引入校外支持力量。另外，理想的情况是，未

来思想政治课程也可以实现教育部在《新时代高校思想政治理论课教学工作基本要求》里所讲的“中班教学、小班研讨的教学模式”，以利于充分探讨和师生互动，这就要在师资力量配备方面下功夫了。

（3）思想政治教师不可忽视系统性、专题性的知识讲授

在总课时不变而课外学时增加，即课堂时间有所缩短的思想政治课程改革背景下，课堂上进行重点知识的系统讲授或专题讲座仍有其必要性。需适当穿插教师的专题性、系统性演讲，而不宜完全碎片化。这对于学科思维和系统认知的建立很重要。即使在翻转课堂的发源地美国，一些大学也是这样做的，部分课堂安排教师做系统的讲座。思想政治课程可以利用新媒体，把完整的知识分解成片段来传授，但根本上不能以碎片化来应对学生思维的碎片化——理论的系统性是思想政治课程教学必须秉持的。特别是当今大学生身处新媒体时代，课外被大量的碎片化、多元化、偏激化政治历史信息包围，缺乏教师系统的、正向的思想引导是不可想象的。

（4）科学进行翻转课堂的考核

在翻转课堂中，一般知识性教学的比重明显下降，个性化与研究型学习的比重明显上升，这就需要调和考试的个性化与统一化、应试化和素质化之间的矛盾。注重过程考核，加大平时（课堂）考核力度，期末考核更重视安排主观题目与开放性答案。关于分组研讨与实践的精准考核问题，注重过程记录，抽查组员参与状况，尽量给予每名学生以公平客观的考核等级。另外，同样重要的是，对于教师参与翻转课堂所耗费的精力与新投入的资源，也必须给予工作量记录和绩效肯定，与实施传统教学法的教师进行必要的区分，激励参与改革的力量。

第二节 “慕课”在高校思政教学中的应用

一、高校思政慕课的研究背景

2020 年一场新冠肺炎疫情，让全国按下了暂停键，对学校有序开学与课堂正常教学带来了巨大的影响。为了在坚决打赢疫情防控阻击战的同时，减少因疫情造成的对大中小学教学产生的消极影响，教育部发布的《关于在疫情防控期间做好普通高等学校在线教学组织与管理工作的指导意见》指出要“充分利用上线的慕课和省、校两级优质在线课程教学资源，在慕课平台和实验资源平台服务支持

带动下……积极开展线上授课和线上学习等在线教学活动。”[①] 在这关键时刻，将慕课带入日常教学，也让人们再度将目光聚焦在慕课的发展上。

实际上，互联网与大数据的快速发展及广泛使用，使人们的生活方式、工作方式都发生着巨大的有形变革，网络成为人们日常生活中不可或缺的部分，新的学习方式顺势而生。互联网与教育的结合孕育了慕课发展的社会环境。自 2012 年开始，MOOC 在世界范围内广泛推广，根据其英文“massive open on line course”的首字母，音译为“慕课”。随着国内顶尖大学的加入，慕课在中国得到了迅速发展。慕课的建设与研究，也成为我国高等教育界和学术界的热点话题。从 2013 年到 2020 年，慕课实现了“井喷式”发展，我国已建成 30 多个慕课平台，慕课数量超过 3.4 万门。

作为践行立德树人根本任务的关键课程，思想政治课程的发展一直受到国家的高度重视。随着数字化、信息化的高速发展，以教师“教”为主的教学模式与当代大学生获取信息的便捷性、学习方式的多样性、思维方式的多元性产生了尖锐的矛盾，如何利用现代教育技术充分调动学生学习的积极性成为思想政治理论课教师关注的焦点热点。习近平总书记在 2016 年全国高校思想政治工作会议上强调“要运用新媒体、新技术使工作活起来，推动思想政治工作传统优势同信息技术高度融合，增强时代感和吸引力”，充分体现了党与国家对在现代信息技术应用中提高高校思想政治课程教学效果的重视。教育部原党组书记、部长陈宝生于 2020 年 12 月 15 日出席深化新时代学校思想政治课程改革创新现场推进会时也指出“推进思想政治课程改革要运用信息技术推广共享一省一（数）品、一校一（数）品建设成果”。随着现代信息技术在教育教学领域的运用，大规模开放在线课程（慕课）等新型在线开放课程和学习平台在世界范围迅速兴起，给思想政治课程教育教学的现代化带来了新的机遇和挑战。思想政治理论课的发展必须因时而变，充分利用好慕课这一平台，不断实现课程的创新。

二、慕课的兴起和发展

（一）慕课的兴起

教育技术的发展经历了以下几个时代：口传时代。口语是人类传播所使用的

① 中华人民共和国教育部 .《关于在疫情防控期间做好普通高等学校在线教学组织与管理工作的指导意见》[EB/OL].（2020-02-05）[2021-03--14].http://www.moe.gov.cn/jyb_xwfb/gzdt_gzdt/s5987/202002/t20200205_418131.html

第一个媒介，口头语言就是教育符号，以人为载体，口耳相传的教育模式，因此传播范围有限。文字时代。文字是继语言之后的第二种媒介，以字母文字为符号，手工抄写作为传播方式，使信息在时间和空间上传得更远更久。印刷时代。始于印刷媒介的形成，而延续到广播的出现，仍是以字母文字为符号，纸张和印刷机作为载体，书籍、报纸、杂志等出版物作为社会传播的媒介，在社会生活的各个领域发挥着重大的影响。到了近现代，电子传播和互联网使得教育技术发生了巨大的变化，表意符号从存储转向传输，复制方式从磁带、录像转向磁盘和光盘，传播特征由电视、广播等转向互联网。随着大数据元年的到来，当代学生对网络的依存度越来越高，今天互联网已经成为教育的新资源和新场所。正是在这样的社会背景下，慕课应运而生，形成了一种全新的教育生态环境

（二）我国思政慕课的发展

（1）线上课程首次探索

与发达国家相比，我国慕课建设起步较晚，尤其是思政慕课。但是在真正的慕课出现之前，就有部分机构开始尝试利用互联网促进教育资源共享。建于 2012 年的上海高校课程资源共享管理中心在“慕课”制作、“慕课”共享方面做了很多积极的实践探索。它们在思政慕课建设方面做的首次“试水”就完成于 2014 年春季学期。2014 年 3 月 15 日，由复旦大学高希国教授领衔负责的“思想道德修养与法律基础”正式在“智慧树”平台上发布。被视为思政“慕课”首次试水。该课程由来自数十所顶尖名校的 23 位教师分别承担不同模块的“网络共享课”和线下课程教学任务。上线第一学期，直接或通过互联网间接参与该课程活动的全国大学生就有 5000 余人，其中半数来自上海本土。在当时，依托互联网进行思想政治课程教学对于高校来说并不特别陌生，但是规模之大在全国实属首次。

这次线上课程的探索取得了巨大成功。事后吴超教授进行调查发现，绝大多数大学生认可当时的优质课程共建共享，他们认为相比线下课程，这种课程师资力量更加雄厚，教学更加便捷，学习伙伴也更加多样，增加了多重思想的碰撞。相比于完全线上教学或者部分线上、部分线下的教学模式，他们更倾向于翻转课堂，即在线视频自主学习，线下教师课堂辅导，“线上 + 线下”双渠道同时开放，学业结束后线上或线下考试的模式更加受到大家的认可。

（2）教学科目相继发展

2014 年 9 月，第一门真正意义上的思政慕课课程“马克思主义基本原理概论”在“学堂在线”平台正式上线。该课程由来自清华大学的刘震副教授主讲，第一

学期就有超过10000万校外学生参与课程学习，同时有近1000名清华在校生通过线上学分互认获得了相应成绩。在这一课程中，以教学大纲为依据，刘教授将教学内容分成若干个单元，以讲座序列进行，每个讲座序列包括6~8个微视频，线上作业和读书笔记相结合作为依据获得成绩，并认证为相应学分和证书。

两个月后，段治文教授主讲的“中国近现代史纲要”正式在“中国大学MOOC”平台上线。这门课程对教材知识进行了重组，结合中国近现代史的实际情况，分析了历史进程、历史事件、历史人物，明确了历史主题、历史主流，进而引导学生深刻领会“四个选择”的历史必然性。以单元测试、单元作业、课程讨论、课程考试作为考核学生的标准，在一定成绩范围内颁发相应的证书，作为课程学习成果的认证。

2015年4月，清华大学的另一门思政慕课“毛泽东思想与中国特色社会主义理论体系概论”正式在“学堂在线”慕课平台上线。该课程由清华大学马克思主义学院的冯务中教授主讲。第一次开课就有累计6000余人选课。同一时间段，张瑜副教授、朱效梅副教授、吴俊讲师联合讲授的“思想道德修养与法律基础”、翁贺凯副教授讲授的“中国近现代史纲要”相继在慕课平台上发布，虽然这三门课程仅限本校学生参与，但首期选课人数都达到7000余人，真正实现了大规模、开放性教学。

思政慕课课程上线第一门到四门主要课程建设齐全，经历了5个月时间，其中清华大学做出了突出的贡献，依托“互联网＋教育”的模式，扩大了思想政治课程的教学载体，利用优质教学资源的辐射作用，促进了各级各类教学单位的慕课建设和教学质量的优化。三亚学院于2015年春季学期与清华大学合作，组织279名在校学生线上学习“马克思主义基本原理概论”，本校教师运用“线上课程＋线下辅导”的混合式教学，取得了良好的教学效果。经事后调查，近70%的学生支持混合式教学。至今，已有包括“网易云课堂”“智慧树”“代课联盟”等数十家慕课平台上线思政慕课课程。

与此同时，有一些课程虽然不属于思想政治课程，但是它们从不同的教学角度与教学内容切入，向前推进着高校思政慕课建设，仍然是思政慕课建设的宝贵教学资源。如来自浙江大学的张雪副教授主讲的“哲学问题”，武汉大学的汪信砚教授主讲的“马克思哲学原理精粹九讲”，都进一步促进了高校思政慕课发展。

除此之外，思想政治课程相关慕课在大陆以外的地区也引发了一定影响。清华大学“马克思主义基本原理”慕课发布以后随即登陆在台湾慕课平台——育网（ewant）。该课程的登陆引起了一定的反响，大有一石激起千层浪之感。2015年

3 月，由南京大学倾心打造的“理解马克思：马克思的生平和核心著作导论”在国际慕课平台 Coursers 上推出。这门课程总共有 6 讲，每讲有 5~8 段时长为 8~16 分钟的微视频，围绕马克思的三部核心著作和自身思想历程的变化展开，用简洁朴素的语言、丰富的文史资料、视觉冲击性的图画展示出了马克思的宝贵思想遗产和他的当代巨大影响。这是我国有关马克思的课程首次亮相国际平台。2015 年 9 月，清华大学推出的“毛泽东思想概述”作为第一门走出国门的思政慕课发布在了 edX 慕课平台上，仅仅七十天时间内，就有来自近 140 个国家的 3300 多名学生选修了该课程，其中美国学生有近千人。

三、慕课的基本特点

随着慕课的日渐成熟与社会影响的逐步增大，它的特征也表现得日益明显。

（一）规模性

慕课的“大规模”意味着学习者数量不受控制，与传统课程只有几十个或者几百个学习者不同，一门慕课课程甚至可达上万人，且分布世界各地。此外，慕课的“大规模”不仅仅是学习者的数量庞大以及更多的教师参与到教学之中，而且慕课课程资源的来源波及全国乃至全球范围内各个学校、教师。最后，学习者大规模地参与和交互使得课程产生海量的学习数据，慕课平台利用大数据挖掘、人工智能和自然语言处理技术，多维度和深层次分析海量学习数据，发现课程学习的特征和规律，动态调整学习引导策略和学习支持服务。

（二）开放性

广泛的开放性是慕课的主要特点之一。开放性主要指的是慕课课程通过互联网平台对全球学习者完全开放的，任何人不分国籍、种族、文化程度、地位、身份，只要有网络，有一台电脑，注册一个账号，就可以分享全国乃至全世界优质的课程资源。慕课的出现不仅是一种新型的教育教学模式，而且通过互联网的平台能够缩短不同地区不同国家的教育差距，从而推动全球教育的公平性。简而言之，将慕课引入高校思想理论课中，只要能上网，只要有时间，只要有学习意愿，任何人都可以进行在线学习并分享来自全世界优秀的课程资源。慕课学习中学习者利用社交媒体与同伴和教学者自由地展开互动与交流，学习者负责媒体语境下的自身知识结构，达到真正学术公开、民主和自由。网络技术的发展和移动终端的高覆盖率为慕课在高校思想理论课堂应用提供了有效的保障。

（三）自主性

自主性是慕课的突出特点之一，主要体现在以下三个方面：一是时间及空间上的自主，慕课不受时间和空间的限制，学习者完全可以随时随地根据自己的时间安排学习；二是学习内容的自主，慕课在选课上没有任何规定，学习者完全可以根据自身的特点、能力及水平，选择适合自己的课程进行学习；三是学习方式的自主选择，适应“互联网 +”时代碎片化学习的特点，慕课微视频大多只有5~10 分钟，课程内容根据知识点进行模块化，组成不同的主题，方便学习者既可以按自己关心的主题进行学习，又可以充分利用自己的闲暇、空余时间进行碎片化学习。简而言之，慕课改变了传统课堂教师的主导地位，在知识面前，师生地位平等，给予并尊重学生更多的选择权利，使学生真正成为学习的主人。

（四）非结构性

从内容上看，慕课大多数时候提供的只是碎片化的知识点，是一组可扩充的、形式多样的内容集合，这些内容由一些相关特定领域专家、教育家、学科教师提供，汇集成一个中央知识库，就像网站一样。这些内容集合的独特之处在于，能够被“再度组合”——所有学习资料未必堆砌在一起，而是通过“慕课”彼此关联。慕课的非结构性能够实现学生碎片化学习，提高学习效率。

四、高校思想政治教育应用慕课的可行性分析

（一）思政慕课是满足高校思政教育新要求的途径

1. 满足思想政治教育发展的客观要求

高校思政慕课建设是全员育人的需要。人的思想观念和道德品格的形成无法脱离一定的社会环境。思想政治教育的进行也必须在一定的社会环境下进行。为了促进个人进步与社会发展，思想政治教育需要对全体社会成员进行全方位的教育。伴随着互联网的高速发展，思想政治教育顺应时代的发展也出现了新型载体。大规模、开放性、共享性的慕课与思想政治教育全员育人的理念高度契合。发展和完善高校思想政治课程的慕课将为大学生提供无限可能，引导大学生从自身对思想意识的需求出发，有针对性地选择自己需要的课程，以达到更好的效果。

2. 适应时代发展的必然要求

高校思政慕课建设是为了适应当今社会信息技术飞速发展的要求。思想政治课程作为大学生思想政治教育的重要组成部分，在当今信息时代呈现出了新的需

求。开展思想政治课程教学，已经不能单纯依靠讲解式教学模式，必须融入适应时代的新元素、新思想，融入信息技术与现代理念，只有这样才能确保思想政治课程质量得到提升，只有这样才能优化思想政治课程质量，确保大学生思想政治教育取得良好效果。

高校思政慕课建设是为了推动教育公平发展的需要。我国《教育信息化十年发展规划（2011—2020）》指出：“教育信息化的发展要以教育理念创新为先导，以优质教育资源和信息化学习环境建设为基础，以学习方式和教育模式创新为核心。”随着时代的发展，教育发展与公平的话题一直居高不下。教育发展离不开全面提升学生的核心素养，依托互联网的发展拓宽学生视野，满足学生个性化、多样化需求。而教育公平则必须有效协调东西部、沿海内陆等地区的教育资源，促进教育资源共享，提高教学质量。作为马克思主义在高校大学生中传播的主要途径、社会主义核心价值观建设的主要途径、提高大学生国情党情认识的主要途径，高校思想政治课程与慕课结合，能够短时间内汇聚优秀教师资源、优质教学资源，充分享受来自全国各地的优质课程，进而提高思想政治课程教学效果。

3. 满足高校思想政治课程质量提升的现实要求

由于思想政治课程长期以来过分强调其意识形态属性，加之社会舆论的误导以及思想政治课程在社会中的长期“失语”，导致人们对思想政治课程形成一种带有刻板印象的偏见，认为其仅仅是“国家意志的扬声器”，是“枯燥无味的政治说教”，这对于思想政治课程建设与发展及社会主义意识形态宣传非常不利。

思政慕课的建设为课程形象重塑提供了一个良好契机。慕课建设可以倒逼教师改变原有教学方式，创新式地发展慕课与线下课程相结合的教学模式。可以利用慕课进行启发探讨小组式的教学方法进行小测试、章节测试，调动学生的积极性、主体性、自主性，同时利用节约出来的时间，组织学生探究式学习或参与社会实践，促进思想政治课程落地生根。充分发展、完善思政慕课，可以创新教学形式，传统课程教学仅为教学的其中一部分，可以采取双轨形式，学生可以根据自己的实际情况去选择自己感兴趣的老师讲解的同一门课程进行补充学习，这种教学方式一方面可以增强学生对知识的理解，另一方面也可以促进教师进行教学质量的提升，形成教学相长的良性循环系统。在慕课平台上，教师与学生之间变得更加平等，学生与教师可以进行平等的交流和对话。在普通的思想政治课程教学中，由于各种因素的影响，如时间、人数等，也可能有些问题得不到及时解决，由于学生性格不同、兴趣相异，也可能有些学生没有或者不敢提出问题，无法达到良好的学习效果。但是通过慕课，在虚拟空间内，学生可以提出自己的疑问，从而建立健全系统、完善的思想政治课程师生互动机制。

面对信息化时代的变革，思想政治课程也必须迎合时代发展趋势，体现学科前瞻性，充分利用慕课促进学科教学。在这一过程中，可以充分借鉴已有的建设成果，探索思想政治课程的慕课化建设，提升思想政治课程品牌建设。只有这样才能纠正立长期以来对思想政治课程的误解，减少思想政治课程在人文社会科学中的“失语”“失声”现象，提升思想政治课程教学质量。

（二）慕课对高校思想政治教育具有多重优势

1. 实现资源共享

慕课以“将世界上最优质的教育资源传播到地球最偏远的角落”为信念，试图让全球所有学生都能够免费体验优秀教师所讲授的优质课程。慕课具有鲜明的互联网基因，互联网就是一个免费的时代，慕课也不例外，到目前为止，包括中国在内的世界范围内的慕课基本上都是免费的，当然那些想要合格证书，需要支付一小部分资金的除外。慕课得以迅速发展除了技术因素以外，还有一个不容忽视的原因就是：慕课迎合了大众迫切要求降低学习成本的需求和共同分享优质教育资源的价值诉求。近些年来，全世界的大学学费都在不断高涨，中国也开始在硕士阶段收取部分学费，这必然会给家庭贫困的学生带来更大的负担，因此慕课对他们来说无疑是一个更好的选择。

2. 实现课程的精品化

慕课多数是由世界著名高校开设，或者是企业与名校联合开设的，一般是精英高校的教师上课，走的是精品路线，学生有更多的机会接触最新、最权威的课程，这就保证了慕课的课程质量。慕课的视频中突出的是学生的“学”，慕课资源的形式和内容都经过精心的设计和优化，符合互联网时代学生的认知规律和“注意力模式”，慕课课程在开始前都会提供简短的课程简介，在平台上都会有清晰的课程目录，方便学习者对课程进行选择和整体把握，慕课将一节课的内容分解为若干个小知识点，每节课程都由一般不超过十分钟的短视频组成，视频形式多样，有课堂实录、演示文稿、手写板书、专题采访等形式，视频的画质、播放速度、视频是否连播、是否显示字幕等都可以进行选择，而且还提供下载教师 PPT 或者讲课字幕的服务，每个微视频一般只会阐述一个独立的小知识点，但是不同微视频之间经过精心的设计，每个知识点又存在着紧密的逻辑关系，从整体上构成一个完整的知识体系，视频以周为时间单位，每周进行课程更新，以由易到难、循序渐进的方式相互衔接，更活泼、更直观、更具有表现力，且慕课平台包括了选课、听课、练习、讨论、互评、考试、证书等一系列环节，是一个完整的课程学习行为。

3. 提升学习方式的灵活性

慕课课程适用域比较广，可实现跨地域学习，只需一根网线或一部手机就可以随时随地学习，最大限度地突破了教学在空间及时间上的局限性；学习者利用慕课学习时可以自己独自完成学习过程也可以在网上组成若干学习小组，每个学习者都在小组中扮演不同的角色，互相交流解决学习中遇到的问题，也可互相监督、共同进步，遇到学习上的问题或者有学习心得体会可以通过论坛或邮件的方式实现师生之间和生生之间的沟通交流，经过思想上的碰撞而让自己成长。在校生可以通过慕课学习适合自己的优质课程，改进学校的教学效果，提高教育质量；而非在校的适龄青年同样也可以通过慕课享受全民义务基本高等教育，长期下去，促进学习型社会的形成。上海交通大学张杰校长也认为：这将是一场学习的革命，对推动继续教育发展，打造灵活开放的终身教育体系，构建人人皆学、处处可学、时时能学的学习型社会也具有积极意义。慕课具备新时代的基因，可以充分利用碎片化的时间来实现不断充电，帮助人们树立终身学习的理念，又与未来移动学习的需求相契合。

4. 体现学习主体的个性化

慕课推行“任何人、在任何时间、处任何地点，都能够学到任何知识”的理念，这意味着在慕课中，学习将不受学校规模的限制，没有年龄的限定，不受时间的制约，没有地域的局限、选课人数的限制，只要你感兴趣愿意学习，就能学到你想学的任何知识。在这里每个学习者都能根据自己的时间、自己的兴趣爱好、自己的学习水平、自己的学习速度等来安排学习课程，是完全自主、自愿的学习，学生的学习才真正有了选择，学生才真正成了个性化的学习主体。还可以利用大数据技术，根据慕课后台收集到的学习者学习的数据，自动推送适合学习者学习的慕课课程、习题资料、易错知识点巩固等，实现慕课学习的“私人订制”。

5. 实现教学的创新性

慕课是以学习者为对象，针对网络学习而设计的，全面、系统、完整的教学过程，是在线教育的重要突破。与以往的在线视频课程相比，慕课借鉴学习了网络游戏的方式，设置了随堂考试的模式，进行“即时奖励”，即像游戏里的通关设置一样，在学习完一个知识点的视频后，弹出一个或几个问题来回答，问题一般都比较容易解答，只有在全部答对的情况下，才能继续学习下一节的内容，网上视频可以重复观看，考试也可以重复进行，直到题目完全答对，知识全部弄懂为止，这样不仅使学生保持注意力又可以学得更扎实，防止出现掉队现象，系统也会根据学习者完成测试的好坏情况奖励不同形式的勋章来激励学习者。

（三）慕课与高校思想政治教育契合性强

1. 契合学科性质

思想政治课程作为高校思想政治教育的主渠道，进行的任何形式的创新都需要符合思想政治教育的内涵，在此基础上需要满足教育思想的真理性和方法手段的科学性。在思想政治课程教学中，将慕课作为一种教学手段，一方面能够提升思想政治教育的科学性，另一方面又为传播教育思想、扩大教育受众、增强教育覆盖面提供了一种全新途径，进而对社会成员产生深远持久的影响力，提高思想政治课程的影响力和渗透力。

2. 目标功能一致

高校思想政治课程与慕课的目标一致。思想政治课程作为大学生思想政治教育的主渠道，其根本目标是提高大学生的思想道德素质，促进大学生全面发展，进而激励他们为建设中国特色社会主义努力奋斗，最终为实现共产主义而奋斗。思想政治课程的初衷是培养大学生健康的价值取向，进而提高他们对于世界的认识与改造能力，促进自身全面发展。慕课的主要目标也是传播科学知识，进而传递良好的人生态度与精神品质，促进学习者的自由全面发展。

高校思想政治课程与慕课的功能一致。高校思想政治课程作为大学生思想政治教育的主要渠道，具有如下一些功能。

（1）导向功能

高校思想政治课程以马克思主义理论、中国共产党的大政方针、中华人民共和国的法律法规为导向，课程所讲述内容不得与此冲突。

（2）保证功能

思想政治课程的有序健康进行能够促进中国特色社会主义更好地发展。在当今这种信息多元化的时代，文化冲突更加明显，观念矛盾也更加突出，尤其是全面深化改革过程中触碰到了少数群体的实际利益，更需要高校思想政治课程在教学过程中引导同学们正确认识这些社会现象，形成合理的认知，促进大学生全面发展，进而保证中国特色社会主义建设顺利进行。

（3）开发功能

思想政治课程可以有效调动大学生的主观能动性，及时了解每个人的实际需求，发挥个体的优势与长处，激发潜在的创造精神。

慕课与思想政治课程在功能上有部分重合。慕课首先向人们传达客观世界的基本常识，丰富学生自身的知识体系，同时有针对性地选择相关学习内容，充分揭露经济利益关系，保障社会稳定发展，多元化的学习内容也可以拓宽学生的视野，激发学生学习的积极性，增强学生的创新思维。

3. 受众一致

全体社会成员都是思想政治教育的教育对象，但是这种教育对象不可用一种教育方法进行，教育必须根据其教育对象的层次性进行。大学生是社会主义建设的建设者与接班人，可塑性较强，心理、生理有较大变化，所以世界观、人生观、价值观可变性较强，因此需要对站在新锐与时尚前沿的他们予以更多的关注，借势而激发学生的价值指向，进而满足其内心需求。

慕课虽然采取网络授课方式，但是从目前来看，大学生仍然是其主要使用者。随着信息的多样化，大学生的需求也越来越多样化，他们对新事物的需求也更多了。学校有限的资源供给与学生无限的内心需求之间形成矛盾。慕课的出现有利于充分利用网络课程调和这种矛盾，提高有限教育资源的利用率，满足高校学生的多元化需求。

4. 教育政策支持

信息化的高度发展引起了国家的高度重视。2018 年以来，中共中央、国务院先后印发《加快推进教育现代化实施方案（2018—2022 年）》《中国教育现代化 2035》，提出要致力于建设教育现代化，着力构建基于信息技术的新型教育教学模式、教育服务供给方式以及教育治理新模式。促进信息技术与教育教学深度融合，支持学校充分利用信息技术开展人才培养模式和教学方法改革，逐步实现信息化教与学应用师生全覆盖。两者都指出要充分发挥互联网技术的优势，加快教育改革。慕课作为互联网技术与教育相结合的产物，其在线性、大规模性、开放性的特点可以充分实现优质资源的共建共享，同时满足学习者的个性需求，促进了优质教育资源的共享，响应了国家教育信息化的需求。在这种教育政策的支持引导下，高校思政慕课建设迎来了一个新的春天。

（四）慕课对高校思想政治教育具有重要意义

1. 通过共享教育资源实现教育公平

新时代背景下，我国要合理配置教育资源，大力促进教育公平。教育公平是指国家对教育资源进行合理的配置，社会成员平等地享受公共教育资源，主要包括受教育机会、教育过程和教育质量的公平。慕课的出现，刺激了被压抑了很久的教育需求，促使高等教育机构解禁了它们的知识储备库，打破了高等教育资源被高等教育机构垄断的局面，使这些机构解禁了其全部知识储备库，让宝贵的教育资源可以在全球范围内平等分享，减少了教育成本，增加了受教育机会。高校的思想政治慕课除了课程的免费性以外，这些课程多是思政界权威专家或教师精心准备的，具有观点权威、编排严谨、深入浅出和内容高端优质的特点，利用慕课平台可以实时分享优秀师资带来的思想政治学科的最新研究成果和优质课程资源。

2. 促进教学方式的更新提升教学效果

慕课的发展潜力、表现力以及大规模低成本的普及率，是传统的面对面课堂教学所无法比拟的。传统的高校思想政治课程是统一的教材、标准化的课堂、统一的考试，这种标准化的教育方式已经不能适应现代社会对于创新型人才的需求，学生也已厌倦多年来教师在课堂上教授、学生在台下坐着听讲的传统教育方式，尤其是对于高校思想政治课程这类通识类课程来说，急需采用新的教学方式来增强对学生的吸引力。慕课革命推动高校思想政治课程从传统的单纯课堂面授形式向课堂面授与网上授课相结合的混合模式发展，学生根据自身情况选择慕课思政课程，决定自己的学习进度，教师根据学生学习情况来修改完善教学方式，不断帮助和指导学生。高校思政理论课利用慕课平台，解决了学生不想在课堂上听教师枯燥的“填鸭式”讲课，又担心点名影响考试成绩的问题，学生从被动学习变成主动学习，教师由传授式讲课变成探究引导式授课，学生由个别学习变成小组学习，打破了教育僵化的局面，以更低的成本、更新的模式、更多的选择为更多的学习者创造出更好的教育环境。慕课在我国高校思想政治理论课的首次尝试开始于2014年复旦大学开设的“思想道德修养与法律基础”课程，得到了学生很高的赞誉。“思想道德修养与法律基础”将课程大纲内容精炼为若干部分，由20多位教师分别讲授最擅长的内容，将课程浓缩成供学生自主选择学习的36个在线课时，课程的教学分为在线进阶式学习和见面课学习两个部分，在线学习的36课时，选课学生可以按照教师设定的进度在宿舍、图书馆、教室、食堂等任意角落随时随地学习，实现“我的学习我做主”。见面课学习即由选课学校在指定教学点组织各种形式的见面课，采用视频课堂学习和小组研讨学习相结合的混合式教学方式，学生可以根据自身情况反复播放学习，使教师能够把更多的精力放在学生答疑解惑上，而且学生接受的不再是某一位教师的教学了，而是吸收所有优秀教师教学的精华。

3. 通过强调生本理念，提升学生的积极性

在线学习和课堂讨论相结合的方法，能很好地体现以学生为中心的学习理念。学生学习高校思想政治慕课，不再受时间地点的限制，学生提前在网络上看视频、做题，可以通过慕课与志同道合、趣味相同的人一起合作，向彼此学习，也可以成立学习小组，将他们的做题情况、学习进度、学习时长、易错知识点、比较感兴趣的知识点等情况都用计算机记录下来，任课教师在后台对班上的学生情况进行跟踪观察，不再像以前一样只是单纯地依靠考试成绩来考查成绩，通过分析学生的学习行为，改进教学方式，对不同的学生可以允许有不同的学习进度和节奏。在线下课堂讨论的时候，学生有了充分的发言权，不再充当“沉默的多数”，教师可以与学生交流问题看法或学习经验，学生也可以就有疑问的地方向教师提问，在教学过程中与教师平等探讨与互动，凸显了学生的主体地位，也促进了良好的师生关系。教师根据学生的学习情况对学生普遍犯错或者感兴趣的思政知识点进行重点讲解，也可以有针对性地进行个别辅导，实施因材施教的个性化教学，余下更多的课堂时间可以用来辩论、演讲、时政热点的知识小竞赛等，发展了学生的洞察力、思辨力和表达力，培养了学生正确的情感态度价值观。运用慕课的形式进行高校的思想政治课程教学，让学生真正实现了在一个宽松自由的环境中学习，即增强学生的主体感，又调动了高校学生学习思想政治课程的积极性。

五、慕课在高校思想政治教育中应用的原则和策略

（一）实施高校思政慕课的主要原则

1. 坚持价值观引领

在新时代，思想政治课程必须以价值引领来统率知识。因而在我们进行思政慕课建设时，必须坚持思想政治课程的价值性，要紧扣思想政治课程价值观教育的本质开展思政慕课建设，将大学生个人发展与国家富强有机结合，将爱国情、强国志牢固树立并转化为报国行。教师能否正确地传输社会主义核心价值观，能否有效传输马克思主义理论以及马克思主义中国化成果，直接关乎思想政治教育效果，甚至关乎思想政治教育的成败。一直以来受传统应试教育与教学观念的影响，很多思想政治教师在进行思想政治课程教学的过程中，走向了知识性教学的误区，认为思想政治课程和别的课程一样，只要讲清楚教材知识点，学生学会用知识点解决问题，教学目的就达到了。事实上不管是思想政治课程教学还是思政慕课建设，一定要将其内含的政治性与思想性有效凸显出来，要教育学生在信息

多元化的社会中毫不犹豫地坚持社会主流意识形态，毫不犹豫地坚持社会主义，能够理解社会主义，相信社会主义的未来，相信共产主义一定会实现，愿意为社会主义建设、中华民族伟大复兴而奋斗，进而促进人的自由而全面发展。

当然，思政慕课建设要避免价值引导的死板呆滞，要用清新脱俗的表达方式，去引导学生的价值走向，通过用生活中的案例分析，引导学生加强社会主义意识形态领域研究，以期让学生增强对思政理论的认同，进而在无形中增强其对思想政治课程的兴趣，也进一步加强思想政治慕课的价值引领作用。同时，要坚持思想政治课程的开放性，积极借鉴古今中外人类文明成果，丰富思想政治课程教学内容。

2. 碎片化与系统化相结合

“广袤世界，在你指尖”，正如由清华大学主持开发的慕课平台“学堂在线”推崇的，慕课课程广泛性与碎片化的趋势日益明显。当代大学生主要以 95 后、00 后为主，作为网络“原住民”的他们，有着明显的“快”而“碎”的阅读习惯，“微学习”成为他们热衷的学习方式。慕课设计的初衷正是迎合当代大学生的特质，让学生无论何时何地，只要通过电脑或移动终端，就可以不受限制地接受来自任何地方的教学资源，学生可以根据自身的需要及时间去调整学习环节，而不再需要像传统课程那样在特定的时间去特定的地点进行学习。而且一个教学内容会被切割为若干个微视频，化“海量信息”为“微形式”学习材料，通过微视频表达、演绎、传播教学内容，学生可以根据自身对这部分知识的熟知情况选择跳过或者重复学习，这种学习方式非常适合当代大学生的学习节奏。但是这种学习方式淡化了知识之间的关联，难以在宏观上把握知识框架与脉络。

与慕课相比，传统教学时间特定、内容集中，具有延时性的教学特点，更加有利于系统化地进行某些知识的讲授，通过师生共同思考、共同探讨，营造一种更加良好的学习氛围，使得学习内容可以进一步深入人心，也可以通过教师的榜样示范作用促进学生将思想政治理论外化于行。碎片化学习，是一种即时性学习，难以长时接收、处理信息，难以形成对知识点的完整认识，难以把握知识点整体脉络。思政慕课教学由于碎片化的存在，可能会带来对宏大叙事、集体主义等价值观念的消解，甚至会否定这些观点。

我们在进行慕课建设的过程中，有必要将碎片化与系统化相结合，将传统课程与慕课的优势整合，既充分发挥慕课能够适应当今大学生学习节奏的特点，又能充分发挥传统课堂的优势，避免知识过于碎片化，有利于更好地接受马克思主义理论。这两者的结合有利于充分发挥两种教学模式的优势，增强慕课运用于思想政治课程教学的实效性。

3. 坚持服务学生的理念

根据意识形态的服务理念及教育所秉承的以人为本的理念，高校网络思想政治教育应把学生放在第一位，形成服务学生的理念。中国共产党以为人民服务为宗旨，在高校网络思想政治教育中体现为服务学生的理念；同时，以人为本的教育理念要求尊重学生价值及其主体地位、关心学生幸福和尊严。

所以，高校网络思想政治教育把人的完善作为发展目标，实现教育与服务的融合并使之贯穿于网络思想政治教育的始终。同时，大学生很多思想问题是由实际问题所引发，思想问题与实际生活中面临的问题密切相关。所以，在解决大学生思想问题时与解决实际问题相结合，把抽象的网络思想政治教育与学生的实际生活、学习相联系，使服务学生的理念具有可操作性。另外，增加学生满意与否的评价标准测定，使高校网络思想政治教育具有实效性和说服力。

4. 内容与形式协调发展

思政慕课中如果只讲理论内容会导致课程枯燥乏味，“漫灌不进”“刷课”现象频发，学生收获感较差，造成其对思想政治课程的排斥、对思想政治课程堂的反感；过多强调形式的创新，导致教学形式的“泛化”，出现教学内容的边缘化与碎片化现象。所以，必须合理协调思政慕课建设过程中内容与形式的关系。

优化教学内容是思想政治课程教学的永恒课题。思政慕课的教学内容必须具有思想性、理论性，这是提升慕课教学效果的基础，亲和力、针对性是提升慕课教学效果的保障。只有拥有高质量的内容，才是思想政治课程赢得“民心”的王道。在思想政治课程的网络化教学过程中，出现过如红色网站、马克思主义网站等数次在线课程探索，这些探索过程中，视频数量虽然不少，但浏览率却通常不尽如人意。思政慕课建设要想避免重蹈覆辙，必须要关注教学内容的制作，制作吸引学生的、及时的、适时的慕课内容。在思政慕课建设中，一方面，要结合学生不同阶段的思想、心理、知识发展特点，遵循高等教育教学规律、思想政治教育规律、学生成长成才规律来实施各个阶段思想政治课程教学，循序渐进、螺旋式上升地将教材内容吃透摸清，协调系统地对教学内容进行讲授，另一方面，要以问题为导向。对于一些敏感的政治问题，不得采用低俗的语言进行解释，需要引导学生结合马克思主义理论深入挖掘这些问题背后的原因，进而引导学生更加坚信马克思主义。对于一些生活中出现的负面新闻，要引导学生运用辩证的观点去看待事物，全面地看待事物发展的过程。对于一些对学生身心不利的现象，不能单单通过避免其出现在教学中而忽视，相反，应该对这种现象加以分析，通过对这种负面信息的抨击而达到学生思想境界的提高。在整个教育过程中，要保证思想政治课程“内容为王”，要保证内容有温度、有思想、有影响力。

作为后现代的“新新人类”，信息时代的大学生“既渴望真理又迷茫困惑，既追求真理又特立独行，既崇尚道德又拒斥传统”，要使大学生能够通过思政慕课的学习，使知识内化于心、外化于行，仅仅依靠教师的理论灌输是不够的，还需要在形式上进行优化创新。在进行思政慕课建设的过程中，也要注重慕课形式给思想政治理论教育内容带来的反作用，有吸引力的教学形式可以促进学生对于教学内容的认可与接受。要严把视频质量关，保证教学视频清晰明了，保证教学课件美观大方，同时要将思想政治课程教育知识的科学性与讲授思想政治课程过程的生动性有效融合起来，避免思政慕课科学性十足而生动性缺乏的情况，更要避免为了凸显思想政治课程的生动性而忽视其科学客观性的现象，避免因追求形式的创新而忽视了“守正”，只有将社会主义理论、社会热点、学生关注的焦点与马克思主义理论有机融合在一起，才能在丰富课堂教学过程的同时，增强课堂教学的生动性，使得慕课的教学效果更加明显，使得学生思想政治课程更加认可思政慕课。将“不变”的马克思主义理论通过“多变”的形式展现出来，协调好教育内容与教育形式的关系，实现两者的最优组合。

（二）实施高校思政慕课的有效策略

1. 高校方面

（1）搭建优质慕课平台，打造精品慕课课程

课程内容是一个课程的核心部分，决定了课程能否得到长期繁荣稳定的发展，高校应该积极迎接慕课打造精品思想政治慕课课程，不断深化思想政治慕课的内容建设，整合优质资源，优化师资配置，让教师之间通力合作，从内容到形式上进行高质量的设计，投入大量的人力、物力和财力，开发出更多优质的、符合教学规律、满足学生发展需要的思想政治慕课课程，让学生有更多的选择，能够倾听到更多的思路和观点，体现教育的多样性，才有可能做到因材施教。首先，进行教材攻坚，课程内容要联系生活，关注时事，要把活的现实、活的理论融入思想政治课程教材之中，及时将马克思主义最新研究成果转化为教学内容，利用慕课这一平台，不断为高校思想政治课程注入新鲜的血液，提升对学生的吸引力。其次，要注意创新课程设计，将慕课课程规律和学生自身发展规律相结合，在遵循思想政治课程内在逻辑的基础上，合理划分视频课程的知识点，科学设计线下课程讨论，做到线上视频课程和线下课堂教学的有效衔接。最后，要注意对打造

特色慕课课程进行自主探索与实践，树立品牌和特色课程意识，将富有中国特色和优秀传统的内容融入思想政治慕课课程之中，也可以依托地方性优秀历史文化资源对思想政治慕课进行多样化探索。复旦大学在发展思政慕课时采用MOOC的形式，尤其注重慕课内容的建设，不是简单地将课程搬到网上，而是更加强调课程的内容设计，突出教师授课与学生探究的结合，生产出一批高质量内容的慕课课程。华东师范大学慕课中心为了创建一系列高质量的慕课视频资源库，采用与C20慕课联盟合作的形式，推出“名师名课工程”，组织全国优秀学科教师，共同录制覆盖全学科知识点的教学微视频，以供全民共享。

（2）加大推动力度，提供多重建设保障

高校党委要发挥引领作用。高校党委在加强对学校全面领导的基础上，必须把握重点，牢牢抓住思政工作的主导权，将高校思政慕课建设摆在极其重要的位置上。在党委的领导下，高校各相关部门都要为思政慕课从人力、技术、管理等多方面提供保障。

学校应当加强对教师利用慕课进行教学的技术培训。一方面，培训教师利用慕课进行实时互动的能力。教学是一个相互交流的过程，如果没有师生、生生交流互动，就难以构成一个完整的教学过程，而慕课在利用新技术——互联网进行教学的同时，还需要实现隔着屏幕的实时互动，才能弥补以往网络教育的不足，促进教师与学生在网络上无障碍交流。教师还可以获取学生对教学的反馈，优化自己的教学。另一方面，应加强教师对慕课平台大数据应用的培训。慕课后台产生的大数据可以完整地保存学生学习情况、学习过程，包括学生在课程上付出的时间、对课程的完成情况、学生感兴趣的专业学科等等，教师可以根据大数据提供的这些信息来观测每一位学生的学习行为。通过对教师这两种技能的培训，可以提升教师建设思政慕课、利用慕课进行思想政治课程教学的技能。

学校应当鼓励教学团队集体教学。据统计，首批国家精品课程中，主讲教师多以二人以上的团队开展教学，最高的为21人，大多数课程均有不同职称教师共同开设。一门慕课课程的开设有很强的工作量，包括前期规划、脚本撰写、多次拍摄与制作，同时由于选课人数众多，教师又不得不面临大量的作业批改、师生交互、成绩评定等工作，这些工作靠一个人的力量很难完成，教师之间的合作成为必然。只有学校创造条件，鼓励教师团队教学才有利于思政慕课以更高的质量、更高的效率制作出来。当时机成熟后，学校可以协调多方力量，组建教学团队、技术团队、服务团队，共同完成一门慕课课程的建设。

同时学校应当完善慕课发展激励机制。首先，各级领导都要充分重视激励机制，有效解构和实施激励机制，鼓励人力资源部门立足于本校实际，出台专门的慕课建设激励机制。要处理好物质与精神激励的关系，既要发挥物质激励的作用，满足中青年教师对于成家立业的经济需求，也要发挥精神激励的作用，让教师与教师及教师与管理层中形成一种良性和谐互动的氛围，满足教师的情感需要。其次，还需要处理好正面激励与负面激励的关系，不仅对于积极参与思政慕课建设的教师进行鼓励，同时对于消极怠工不予配合的教师，应当予以一定的惩罚，优化高校教师慕课建设环境，充分发挥激励机制的作用。最后，要协调群体与个体激励的关系，既要重视在思政慕课建设过程中认真履职、不辱使命的教师，同时也要给予这些优秀人物所在的群体充分认可，使其发挥群体效应，进而约束群体中相对不积极的个体，对他们产生鞭策作用。

2. 教师方面

（1）与传统教学模式相结合，创新慕课教学模式

传统的高校思想政治课程的教学模式，是思想政治理论课教师在长期的教学实践的摸索中总结出来的，思想政治理论课是我国社会主义大学性质的体现，反映了国家意识形态，是中国社会主义大学特有的课程。课程以马克思主义基本原理，中国化马克思主义理论，中国革命、建设、改革开放史和大学生思想道德修养与法律基础知识为主体内容，属于思想政治教育的范畴，教学过程需要教师和学生进行面对面的交流、沟通、对话才能取得好的教学效果。思政课程的特殊性决定了慕课无法完全取代传统的思想政治课程教学模式，应当在借鉴传统教学模式宝贵经验的基础上，对思想政治课程教学模式进行多元化、个性化的创新改革。高校掌握很多的资源，有能力来推动创新的试验。高校可以先制定出某个学科进行慕课为基础的翻转课堂改革的初步方案，按照方案稳步实施，师资力量较强的高校可以挑选一部分本校比较优秀的思想政治课程教师，将他们组织起来进行慕课培训，根据教师的特点或偏好分派课程，他们可以通过自己摸索或者多人合作的方式把课程制作成慕课挂在网上，形成自己本校的慕课品牌。也可以与其他高校强强合作，集结多所高校的雄厚思政师资力量，形成慕课联盟，实现资源流动共享。对于需要引进慕课的高校，要根据学校师资和学生学习的情况，制订引进计划和标准，挑选合适的思政慕课课程。

（2）教师提升素养，发挥主体作用

思政慕课建设取得成功的关键在于教师。首先，教师要改变自身观念。高校思想政治教师必须乐于接受新鲜事物，对慕课这一种互联网时代下产生的新事物要坚持与时俱进，用理性的态度去看待，用谦虚的心态去研究慕课。不管高等院

校思想政治教师承认与否，慕课依然对高校教学产生了巨大的影响。因此，高校教师应该领悟慕课的秘密，意识到这种社会历史发展趋势下教师的可发展空间。此外，教师要增强有担当、能持守的职业素养。教师应当形成健康和谐的人格，树立正确的合作竞争观及更强的职业素养。在慕课高速发展传播的时代，对于大部分教师而言，他们或许不再是课程主讲教师，而转化为默默无闻的线上学习指导者，为慕课主讲明星教师做幕后工作，这需要教师有极强的能力与担当，在线上与学生加强交流，对学生的认知做出合理引导。其次，教师需转变对学生认知的理解。当前思政慕课所面对的教育对象基本为“90 后”甚至“00 后”，在开展慕课建设过程中，要基于学生的情感变化及思想变化，准确把握学生的兴趣，利用这些发现设计能够引起学生更强共鸣的内容，采用学生更加容易接受的教学技巧，保证学生能够在潜移默化中认可思想政治教育理论，进而内化为自身情感认知，外化为自身行为表现。教学设计不仅要贴近实际，贴近生活，更需要贴近教学内容所面对的学生的思想实际，将学生思想中的疑难点与其关注的社会热点有效结合。最后，要加强高等院校思想政治教师的政治担当。教师是有效推进思想政治理论课的重要核心，而教师的积极性、主动性、创造性，对办好思想政治理论课至关重要。高等院校思想政治教师在学理论、讲理论、信理论、用理论之前一定得有强大的政治担当。只有拥有强大的政治担当，才能够保持敏锐的政治性，才能够讲好思想政治课程，建设好思政慕课，培养好后备人才。

教师还需要锤炼教学能力，增强慕课知识性。首先，教师需要提升学科能力。在慕课课程中，教师需要长于宣传党的最新理论成果，敢于反对错误的社会思潮，勇于在意识形态斗争中发声亮剑。教师需要提升教学设计能力。在教学设计上，教师可以进行不同的教育方式创新，将理论与实践活动相结合，把课堂内容更多地落实在现实生活中，充分利用慕课平台中的测试环节、互动环节。更应该拓展优质的教育资源，提高慕课课程的含金量，推动课程资源的技术整合，结合社会热点和专业知识点，打造适合更多专业学生的慕课课程。思政慕课还应与国内外形势紧密结合，紧跟社会发展的趋向与当今世界政治与经济形势，对慕课内容进行实时更新，不断与时俱进。优秀的教师不是天生的，而是在教学管理实践中、在教育改革发展中锻炼成长起来的，高校思政慕课建设者也是如此。一方面，他们需要在教学过程中积累将教书与育人结合起来的经验；另一方面，他们也需要积累将线下课程的成果转化为慕课教学成果的经验。

除此之外，教师需要提升教学艺术，保证慕课吸引力。教学艺术是指教师为了提高教学效果，创造性地运用某些具有感染力的教学技能和技巧的总和。任何一种教学过程中都不可避免地会运用教学艺术，但是相比于传统思想政治课程教学，慕课由于缺乏有效监督，因此更需要教师发挥自己的聪明才智，充分利用教学艺术，以求提高慕课吸引力，提高慕课实效。教学艺术可以使课堂教学“活起来”，增强感染力。慕课教学中，首先，要坚持语言幽默。同样的教学方法，因为语言不同，效果就可能差二十倍。语言作为一种纽带，如果不再生动，教学将难以进行。思想政治课程的教学内容理论性超强，如果教师只是简单地将教材内容用自己的语言表达出来，固然可以传达正确的理论，但是会使得教学内容比较生硬。虽然思想政治理论是严肃的真理，但是这并不意味着不能够使用一些幽默因素。事实证明，教师在进行思政慕课教学时，可以借助幽默故事讲解某些内容，课堂效果会得到显著提高，学生不仅记住了幽默故事，还记住了故事背后的理论。在思想政治课程教育而尤其是慕课录制中，要坚持用生动活泼的理论讲述话语让思想政治理论“飞入寻常百姓家”，真正让其在大学生心中扎下根。其次，教师要探索分类教学模式，打造适合不同院校、不同专业群体实际的思政慕课成果。思想政治课程是大学生公共课，而高校思政慕课更是面向网络大众的，因此教师在教学设计中应当满足大多数学生的学习需要。教师可以设计针对某个专业的思政慕课，将教学内容与该专业领域相结合。这样就可以根据不同的专业选取和调整教学方案内容，处理好学生专业学科与马克思主义理论学科的关系，系统推进课程思政与思政课程的同向育人导向功能，形成协同效应，有效实现全方位育人，真正落实立德树人的根本任务。

3. 政府方面

目前，我国慕课建设主要经费来源于学校自筹与企业负担，事实上，政府也应该予以财政方面的支持。一门慕课课程的建设动辄需要数十万甚至上百万的经费，这对于高校来说是一笔不小的支出。经费在教育事业发展中占据着基础性、主导性地位，我国教育经费主要来源于公共财政，如果缺少完善的教育投入保障机制，那么教育就难以从根本上进行提高，因此对于思政慕课建设政府应当予以资金支持。资金的投入是开设慕课的重要物质基础，只有资金投入充足，才有可能建设出优质的慕课课程，才有可能促进思政慕课建设发展。各地政府可以设置慕课建设专项资金，一方面为高校慕课建设提供充足的经费支持，另一方面也可以鼓励各大高校进行慕课建设，促进思政慕课的蓬勃发展。

思政慕课建设需要完善相关法律法规。慕课作为新生事物，在现实中有许多问题亟待解决，比如，学生在慕课学习完成以后的学分认证问题、教师在这些慕课录制过程中的责任问题、录制慕课过程中教师享受的权利与需要履行的义务问题、慕课录制完成以后的知识产权问题、线上线下教育协同问题等，都需要法律法规在更大程度上完善，以促进慕课很好地发展，促进思政慕课朝着更加积极的方向发展。

政府需时刻关注教育发展趋势。政府作为高等教育发展的外推力，有责任、有义务去关注教育发展的动态。在“互联网 + 教育”的时代背景下，我国必须牢牢把握住教育的发展动态，促进我国教育在有远见、有视野的范围下更好的发展。只有培养出更优秀的人才，才有可能在竞争中取得更加主动的地位。思想政治课程的发展关乎着我们国家的未来、中华民族的伟大复兴、“中国梦”的实现、21世纪社会主义事业的全局，都离不开一代一代青年人奋斗。而慕课作为线下教育的补充，在整个高等教育事业中占据着强大的地位。政府应当结合时代背景，关注教育动态，促进教育发展，促进思政慕课发展。

（三）依托慕课实施线上线下混合教学模式

1. 高校思政教育应用线上线下混合模式的优势

在“互联网 +”时代，高校思想政治课程面对面单向传输性现场学习模式，难以满足当下网络化生存的高校大学生对于现代课堂诉求。在推行生本导学课堂改革背景下，混合式教学模式在生本思想政治课程堂中具有显著效果，对于提升高校思想政治课程效果与质量具有重要作用。究其应用原因，既源于思想政治课程教学的特殊性，也来源于思想政治课程与时俱进的现实诉求。思想政治课程是立德树人的关键课程，开展思想政治课程契合大学生成长规律，有利于给予大学生系统化、规律化及科学化的教学指导。然而在实际教学过程中，由于思想政治课程的特殊性，存在对学生对话能力不强、不关心教学效果等问题，纯粹的课堂教学或网络教学难以完成思想政治课程教学任务与目标。除此以外，思想政治课程要具有开门办课的意识，要依据现代大学生特点与社会发展，用现代教育技术武装自己，推进课程改革创新。混合式教学模式其旨在打造生本化课堂，以建构主义学习理论为原则，以“以学定教、以生为本”为基本思想，是一种以多种教学方式与工具整合而成的教学模式，让信息技术更好地服务思政教学，充分发挥了教师主导作用与学生主观能动性。

2. 混合式教学模式在高校思想政治课程中的作用

（1）发挥思想政治课程双主体积极性

基于主体间性的教学理念，思想政治课堂主体永远是教师与学生，只有充分发挥学生与教师的主体性，才能获得理想的教学效果。在当下学生多是“低头族”

的课堂现状下，手机与网络成为课堂的“公敌”，与其让课堂与互联网为敌，不如顺势而为。单纯性主导作用，只是强调教师主体性，是教师控制教学的过程，容易导致教学失控。混合式教学模式为高校思想政治课程改革打开新出口，让“互联网+”搭建起师生对话的桥梁，让学生的思政学习兴趣与注意力得以回归，混合式教学模式注重师生之间的交流互动，使得思想政治课程成为学生思想碰撞的大熔炉，提高了思想政治课程的容量与效率，教师与学生主体得到充分体现，进而让思想政治课程活了起来，真正实现思想启发与观点碰撞，在解决课堂低头率增加、出勤率不高方面发挥了重要作用。

（2）改善思想政治课程教学方式与内容

在知识获取多元化的今天，线上教育打破了旧有教育形式时空的鸿沟，墨守成规的传统讲授式课堂形式难以达到活化知识、拓展教学思路的教学效果，教学形式创新迫在眉睫。混合式教学模式具有交互性、创新性、混合性等特点，其通过重组教学理念与方式，能够有效打破思想政治课程传统“满堂灌”式的固有形态，让科学技术最大效率地助力教育教学，让现代技术真正为己所用，达到教学相长的目的。在过去的高校思想政治课程中，课堂往往是思想政治教师演“独角戏”的舞台，大多使用理论满堂灌形式进行教学，即便是使用多媒体教学，也往往是简单地播放一些短视频、PPT，师生之间互动交流较少，学生学习较为被动。混合式教学模式是集合线上教学与课堂教学两种课堂模式的立体化教学方式，属于自主学习与协作学习的混合学习模式，其中包括课前导入、学习检测、互动探讨、共享资源等多个环节，以生生交互、人机交互等交流方式实现了师生多向性互动，将讲授与研讨混合为一体，最大化实现协作学习成果，确保师生之间的情感交流及课堂教学的人文精神体验。其次，也充分发掘教学资源，带来教学内容极大丰富，将那些遥不可及的名优课堂融于不同地方思想政治课程上，让学生体验到不同教学风格的优质课程；同时也有利于打造出多层面与多维度的教学内容，拓展学生的知识视野与课程参与广度。

3. 基于慕课的高校思政线上线下混合教学的实践

慕课作为一种教学模式，能够在一定程度上促进教育的发展，有效增强教育的公平性与实效性，提升教学质量，促进终身学习。但是正如来自清华大学的艾四林教授指出：“由于思想政治课程在国家意识形态安全、三观（世界观、人生观、价值观）塑造、教师教学共识等方面具有特殊性，采用慕课和课堂教学相结合的混合教学模式对于提升思想政治课程教学实效性是比较可取的做法”[①]。这一观点揭示了思政慕课建设的趋势。我们鼓励建设慕课，并不意味着我们将“寄希望于慕课解决思想政治理论课面临的所有问题”。当然，这种混合教学并非简单的技术上的“弱混合”“形式混合”，更多的是教学内容与恰当的教学方法之间的“强混合”“实质混合”。

（1）课前：线上“深度预习”

在课前阶段师生主要达成教学的“知识目标”，将部分概念性知识的内容由学生自主学习，因此该阶段教师与学生的活动主要围绕知识传授展开。整个教学模式以教师为起点，该阶段主要包括教师慕课微视频的制作与精选、学生微视频的学习等环节。该环节为一种“脱域性”学习方式，不再受学习空间的限制，是典型的异位散布式教学。

在这一阶段，教师及教师所在的教学团队，需要在对教学大纲的总体把握下，整体认识和把握教学目标与教学内容，结合学生认知与思想实际情况，确立教学重点、难点，选择恰当的教学方法，进而根据教学方法以提出问题、分析问题、解决问题为教学线索，构建起教学逻辑体系。在此基础上围绕教学内容实际录制微课程视频，将微视频、拓展资料、社会热点问题等一起上传至慕课平台，并发布为小规模限制性在线课程（SPOC），以供学生选择学习。需要注意的是，在此环节，教师也可以根据已有慕课（MOOC）选择适合自己教学内容与教学方式的慕课课程，并将其推荐给学生作为一种选择。

在开始进入课堂学习之前，学生根据教师的推荐及自身的爱好与认知，自行观看慕课视频与相关教学辅助阅读材料，利用慕课对教学内容进行学习，实现对基础知识的有效掌握和对自身价值观的初步构建。在这一环节，要求学生掌握不需要过多引导、没有太多争议、相对稳定的知识。这样就可以将原来课堂上传授基本知识的时间节省下来以保证提升能力的教学时间。学生可以结合自己的兴趣爱好、对该知识的认知、任课教师要求，选择适合自己学习方式的思政慕课课程进行学习。在自主学习过程中，学生可以通过线上讨论等渠道提出自己的疑惑、发表自己的看法、分享自己的收获。教师以此为参考，结合新时代学生心理需求，以及思想认知冲突情况进行课堂教学设计。学生通过这一环节可以“全面掌握该课程的系统化、理论化、结构化的基础知识”，初步建立起符合教学目标和社会要求的认知。这一阶段，传统课堂教学中的创新方法仍然适用于线上线下混合教

① 艾四林．慕课：高校思想政治理论课的机遇与挑战 [J]．北京教育（德育），2014（10）：6-9.

学。在思想政治课程中，对思政教学中的教学重难点，可以通过设置“闯关式测试”“构建思政题库”“随机抽题”“反复闯关”等，增强学生对知识的再认。在线上预习阶段，必须制习明确的教学任务，在课中环节通过线下活动有效巩固并检验线上学习结果。

（2）课中：线上线下“深度融合”

课中阶段主要包括师生线下课堂教学以及小班讨论，在该阶段，应该特别强调学生的主体地位。在线下的课堂教学中，教师应当积极合理地引导学生就本节课的教学难点与教学重点进行思考，结合实际问题进行讨论，以弥补线上教学的不足。同时，该环节设置的讨论题目应与课前环节的预习内容“深度融合”，有效衔接。教师与学生面对面讨论问题，通过对问题的研究与探讨，实现思想政治理论的内化，提升学生研究能力的培养与锻炼。同时，需要把与学生认知相矛盾、冲突的观点在课堂上加以引导，把利用马克思主义理论诠释现实问题的环节放在课堂上加以讲述。鼓励学生积极参加课堂讨论、各抒己见、畅所欲言，在讨论互动中实现情感升华、思想净化，实现对党的政治理论的进一步认知与认同。最后，进行对知识的归纳总结。

当前我国思想政治课程线下教学主要以大班教学为主，教师课堂讨论很难覆盖大部分学生的思想疑点，因此混合教学模式中的另一种角色——课堂助教也就应运而生了。助教需要根据学生在慕课平台讨论区提出的相关问题进行整合，按话题进行归类，从而以小班制的模式化知识的被动接受为主动探索、互动讨论。这种思辨互动式教学能够达到教学效果的更优化。

这一阶段，传统课堂教学中的创新方法仍然适用于线上线下混合教学。在思想政治课程中，可以通过设置“分享式阅读”“研讨式学习”等，强调学生对阅读成果的分享，由学生走上讲台分享文献，调动学生的积极性与参与度。

这一阶段，期望学生通过可以有效内化所学知识，并加深对其理解，同时有效消化课程重点，突破课程所涉及的疑难点，形成“大思政观”，打通各门思想政治课程之间的脉络。通过“先学后教”的教学方式，将更多课堂教学时间用于探究学习的开展与思维拓展，使传统思想政治课程教学结构受到颠覆，教学空间得到拓展，教学流程更加完善，师生双向互动得以增强，促进师生教学相长。

（3）课后：线上线下“深度检验”

“一个中国的马克思主义者，如果不懂得从改造中国中去认识中国，又从认识中国中去改造中国，就不是一个好的中国的马克思主义者。”[①] 教学也是这样，

---

① 毛泽东．毛泽东文集（第二卷）[M]．北京：人民出版社，1993：343–344．

需要不断反思、不断总结。教学活动完成后，教师与学生都需要进行教学知识巩固与教学效果诊断。课后阶段，需要在课堂教学结束以后，学生有效利用慕课平台中的课后讨论环节、课后练习环节进行课堂学习知识检验。同时，利用好慕课平台中教师提供的课程补充资料，开阔自身视野，提升思想政治理论素养。

除此之外，需要积极组织专业相关的实践活动，引导学生将思想政治理论与现实社会实际、专业学习相结合，在具体实践中进行研究，分析解决社会问题，分析专业知识背后隐藏的思想政治理论。这样不仅可以加深学生对于马克思主义的内化理解，也可以帮助学生增强社会实践能力，并将自身掌握的理论外化于行，将知识学习转化为社会性活动。教学团队也可以在慕课平台开展一些诸如思想政治理论知识竞赛、社会热点分析等活动，增强慕课教学缺乏的实践环节。

课后环节也需要加强对学生的学习效果检验。可以采用线上线下相结合的测评系统完成测试。一方面，利用线上题库进行知识检验，利用大数据统计学生的课堂参与程度。另一方面，结合学生社会实践，给予学生一定的成绩认定，帮助学生获得良好学习体验，有利于鼓励学生积极参与在整个教学环节中来。

4. 提升高校思想政治混合教学有效性的必要条件

（1）引导教师树立正确的混合式教学理念

在混合式教学实践过程中，不少思想政治教师对混合式教学模式存在定位不清晰、使用不得当等问题，导致教学效果大打折扣，学生学习效率低。究其原因，在于思想政治教师对混合式教学模式理解不够透彻，具体表现于以下三方面：其一，在于因为客观原因的存在，思想政治教师在教学过程中慢慢地沦为配角，往往过度强调学生主体地位，缺乏主动引导与启发意识，未能及时指导学生知识构建与总体学习，导致学生主观能动性不足，学习过程缺乏仪式感与正式感；其二，缺乏培养学生自主学习能力的意识，促使学生自主学习能力下滑。通常情况下，高校将课堂教学作为主渠道，大多数学生已经习惯了传统讲授式课堂模式，当面对在线学习与课堂学习并行的混合式教学模式时，由于对在线学习情境较为陌生，部分学生感到混合式学习十分具有压力与挑战性，进而造成学习效率较低。其三，偏重形式上的混合学习，部分思想政治教师进行混合式教学模式具有盲目性，往往将其作为新工具而选择使用，最终使得教学过程只是形式上混合。因此，为了获得良好的教学效果，应当帮助思想政治教师正确认识混合式教学模式。一方面，要让思想政治教师掌握混合式教学模式的形式与内涵，即混合式教学模式是学习资源、方式、理论及方式的共同混合，是面授与在线教学方式达到混合状态，以此让思想政治教师能够把握线上教育与传统课堂教学的度，促使传统教学与数字化教学在碰撞中逐步融合，在融合中优势互补与补充完善。另一方面，也要集中概括混合式教学模式的教学精神，重构教师与学生间的关系，将学生学习作为课堂主体，既要关注如何教，也要注重如何促进学生学；要利用互联网教学优势扩大教育力量，培养学生自主学习能力，确保混合式教学模式有效实施。

（2）建设思想政治教学资源共同体

混合式教学模式强调学习资源与环境的混合性，在学习资源整合方面，混合式教学模式强调建立一站式学习方式，在于构建网络平台集中式构架、多网络渠道共用分散式架构、半集成协作式架构等教学平台，将教学资源尽可能整合到一个平台方面，并形成强大教学资源管理中心，以实现教学资源数字化、理论知识显性化、数字知识内在化，最终适应不同学生与学习目标需求，促进多媒体教学资源与课堂教学协同交流，达到预期的教学效果与学习效果。在学习环境混合方式，混合式教学模式注重传统课堂教学与现代网络教学的有机融合，学习环境在空间与时间方面达到一种混合状态，确保学生既能够面对面进行学习，也能够在虚拟网络环境中教学平台学习，达到教学资源最优化配置，最大化实现系统功能。由此可见，混合式教学模式开展是以学习网络教学软硬件设施为载体的，也就是说网络平台与硬件设施居于纲领与统摄位置。因此，高校“互联网＋思政”混合式教学模式的开展，要注重学生学习环境的设计，应当按照思政教学内在逻辑加强思想政治课程网络教学平台建设，为混合式教学模式开展提供支持。一方面，应当建立适应自身特色的网络平台。现阶段，尽管在线教学平台不断出现，但是并不是所有在线教学平台都适应本学校思政教学需求的，高校应当尽可能建立属于自己教学网络平台，方便学校进行混合式教学。以功能角度分析，思政网络教学平台要涉及教学管理与教学实践两方面，体现出方便实用的功能特征，确保思想政治教师随时随地进行思政教学，优化涉及多种思政教学资源，创设丰富教学情境，促进学生深度学习思政知识；除此以外也要加入考勤打卡、在线测试试题等学习管理功能，便于学生与教师得到即时有效交互，跟踪与调控学生思政学习情况。另一方面，要丰富思政网络平台资源内容，除了一般音频网络课程之外，也应当加入慕课、翻转课堂、微视频等优质教学资源，这样才能够为学生提供更多可选择性思政学习资源，提升思想政治课程教学实效性。

（3）构建“互联网＋”思政混合式教学课程体系

在当下教育信息化背景下，各种教学平台、媒体平台为思政混合式教学模式的开展与实施提供了诸多便利，特别是开放式在线课程教学情境，极大改变了传统大班授课制教学的学习场域，因此在思政教学过程中，应当坚持多元化融合的原则，探寻与构建“互联网+”混合式教学课堂体系，为互联网思想政治课程混合式教学模式做出有效尝试。思想政治课程可以构建线上“自主探究+课堂教学”协作研讨的思政教学课程体系。在课堂教学中，思想政治教师在面对面的教学过程中能够针对性组织课程内容，即时与学生进行交流互动，有利于引导学生进行深度思维，培养学生群体协作能力。在线教学是近些年新兴起的教学方式，即便其存在不可避免的虚幻色彩，但是却能够帮助学生开展个性化、自适应学习活动，通过线上交流研讨促进师生深度互动，增强学生建构知识能力。基于混合式教学模式，设计出线上与线下共同进行的思政课程体系，在线上进行互动答疑、自主探究等教学活动，在课堂之中进行知识讲授、协作研讨等教学活动，有助于学根据学习目标协作解决驱动任务，实现知识有意义建构。比如，基于翻转课堂开展思想政治课程混合式教学模式，按照翻转课堂先学后教的教学思路，在课堂开始之初思想政治教师应当确定学习任务单学习任务，让学生借助学习平台先行探索，进行适应性学习，这是帮助学生养成自主探究学习习惯的重要环节。在课堂之中，思想政治教师应当注重知识体系的构建，利用视频、图形、音乐等多媒体技术创设沉浸式教学体验，通过不同方式促使学生进行协作交流，发挥主观能动性；在课后阶段，利用网络平台让学生借助学习平台强化认知拓展巩固，做好线上学习监管工作，进行过程性评价，实现教学知识内化。

（四）高校落实思政慕课的反思

1. 思政慕课难以传达思政思想

高校思想政治课程作为党和国家对大学生进行思想政治教育的主渠道，其本质是意识形态课。思想性是高校思想政治课程的灵魂。作为大学生意识形态工作的主战场，思想政治课程有责任也有义务在新的思想政治教育场地——互联网舆论场上占据绝对优势地位，通过在慕课平台中开设思想政治课程，增强网络思想政治教育的话语权。因此，在进行思政慕课建设的过程中，必须把意识形态方面的教育摆在第一位。从意识形态的范畴来看，思想政治课程是对学生思想观念层面的教育，需要学生自觉接受它的熏陶，无形地接受教育，因此必须选择一种与其相匹配的教学方法或形式，才能保证产生良好的效果。根据慕课的设计理念，需要强化对知识的理解、讨论、吸收，基于这种模式，教师的主要任务是制作设计教学内容，同时增强与学生的网络互动。当前这种忽视学生接受程度、忽视师生交流互动，单纯注重教学内容的浏览时长与成绩考核的慕课是无法确保思想政治课程的教学效果。

另外，思政慕课需要借助互联网自身优势，相比线下教学，更多倾向于教学方法与教学模式的改革，而对教学内容的深化变革并没有过多的思考。毕竟作为思想政治课程，我们需要传递的不仅是教学内容，更多的是一种信仰，也就是说不仅要解决“知不知”的问题，更要解决“信不信”“做不做”的问题。思想政治课程不只需要让学生了解、知道所学内容，还要让学生对所学内容有一种信仰，这种信仰不是靠教学方法能够做到的，必须依据思想政治教育方法，加强对学生的言传身教，发挥教师的榜样示范作用。而慕课形式将教师与学生分离开来，所以这种言传身教是很难做到的，在一定程度上也削弱了思想政治课程对学生信仰问题的教育。同时，重视思政慕课建设过程中的意识形态性，也将部分思政慕课建设带到了另一个极端，可能会导致部分思政慕课存在过度政治化、理想化倾向。部分思想政治教师在进行马克思主义理论教育、社会主义核心价值观教育时，往往停留在“照本宣科”式教学，无法将学生日常生活与社会现象有效结合，难以准确把握时代脉搏，更难以用教材知识去解释社会现象，较少关心学生对理论与现实相结合的需求，让学生产生了一种思想政治课程是僵化空洞、无法贴近生活的误解，从而很难在思想上接受、认同思想政治课程。再加之，学生经历过中高考时期的应试教育对分数的追求，他们错误地认为思想政治课程就是通过背诵以期达到较好成绩的一门课程，并没有认识到思想政治课程更重要的是要将其理论落实在行动中，转化为自身奋斗的精神力量。而思想政治课程教学需要立足于我国改革开放的实践中，面向学生深切关注的现实问题，思政慕课教学过程中如果缺乏教师对学生思想动态的关注，很难引导学生纠正这种不良观点、错误认识。

2. 思政慕课难以保证内容时效

思想政治课程作为对大学生正确的世界观、人生观、价值观培育的主要渠道，内容具有极其重要的导向性。思想政治课程教学主要围绕马克思主义理论及其中国化理论成果展开，其目的是引导学生用马克思主义的视角解释问题，用马克思主义中国化理论成果分析当下社会的焦点、热点问题，促进中华民族伟大复兴，以社会主义主流意识形态引领多元化社会思潮。马克思主义理论具有与时俱进的理论品质。马克思主义理论教学内容也必然要与时俱进，跟随时代与实践的变化而发展，高校思想政治课程的教学更需体现出这一理论品格。在思政教学中，受到学生欢迎的课程与教师必然是将抽象的理论结合了最新的社会热点的。从“05方案”开始实施至今的十五年里，高校思想政治课程教学都鲜明地体现了时效性。在教学过程中，不管是教学内容还是教学案例，都始终紧跟党中央的最新理论与最新精神，不断地进行充实与更新。以“毛中特”这一门课程为例，他将马克思主义中国化作为讲述主线，不断丰富党的理论与实践，即始终将党的最新理论补充到教学中，帮助大学生提高理论修养与应用理论的能力，帮助大学生关注党和国家最新政策，帮助大学生树立投身中国特色社会主义建设最新实践的正确观念。当代大学生处于不断深化改革的时代，他们面临着多元价值观的选择与社会矛盾的日趋复杂化，他们的生活、心灵不可避免地受到了冲击与影响，他们渴望了解新颖的知识，渴望关注党和国家最新政策的出台贯彻，渴望关注社会的热点问题、突发事件，但自身信息甄别能力不足，缺乏对事物科学合理的认识，需要思想政治课程加强引导，及时有效地对学生进行答疑解惑，帮助他们树立正确的价值观。从教学内容上看，思想政治课程必须坚持时效性，思政慕课建设也必然坚持实效性。只有这样才能完成党和国家对思想政治课程的重大期望，达到学生思想政治课程学习的目的，满足学生对思想政治课程的好奇心。思政慕课建设适应时代发展、与时俱进、具有时效性，因此必然要求慕课建设要随时收集材料、随时进行素材的组织、随时进行视频的录制，这对于已经具有很大工作量的慕课教学而言是极大的挑战。当然，思想政治课程的时效性除了体现在其教学内容的与时俱进之外，还体现在教学方法与时代同向同行，必须充分利用大数据、人工智能、融媒体为思政教学创造的良好条件，增强思政教学的感染力与凝聚力。为了保持思政慕课的时效性，给思政建设者带来巨大的压力，也给他们备课增加了难度，工作强度也瞬间变大，同时也对慕课制作成本与运营维护成本提出了更高的要求。

第三节 “互联网 +”高校思政教育的总结与反思

一、“互联网 +”高校思想政治创新教育的实践路径

（一）优化“互联网 + 思政”生态环境

目前，大学思政教育工作普遍存在组织脱节、资源配置不平衡等问题，这就直接影响了思想政治教育效果。推进“互联网 + 思政教育”模式，首先需要解决

与互联网相关的硬件设施建设。与大学生群体中科技产品和智能设备高度普及的状态相比，校方的基础设施尚不完备的状况在全国普遍存在。更重要的是，部分高校对以“互联网+”的形式推进思政教育的意识准备不足。对此，高校不仅需要加大投入力度，使硬件设施和组织建设齐头并进，还要以观念作为行动先导，在思想意识方面充分动员，清楚认识到争夺网络平台这块阵地对大学思政教育在战略上的重要意义，统一认识、集中力量。

（二）根据网络文化充实思政教育内容

教育内容对“互联网+”背景下高校思想政治教育的质量具有直接影响，在对思想政治教育内容进行优化的过程中，教师需注意网络文化流向，在学生对网络依赖度逐渐提高的背景下，网络文化对学生的影响力日渐提高，把控网络文化流向，并以此为基点进行教学内容调整，降低负面网络文化对学生思维成长的影响。例如：教师在思想政治教育课堂上，应当借助互联网了解最近舆论风向，并将之引入课堂，引导学生对该舆论进行看法表达，通过适当指引的方式，为学生思想价值的成长提供方向。在课堂上借助多媒体向学生展示教学内容，提高思想政治教学的生动性。借助社交平台将课堂教育内容（课件）传给学生，引导学生课后巩固，提高学生对思政理论的理解度。

（三）组建“互联网+思政”的教育团队

习近平总书记在全国高校思想政治工作会议上的重要讲话指出：“办好我国高等教育，必须坚持党的领导，牢牢掌握党对高校工作的领导权，使高校成为坚持党的领导的坚强阵地。”在当今高校“互联网+思政教育”模式兴起的情况下，打造并维护好思政教育工作平台可是说是日渐常规化、普遍化的活动，必须在组织上做好安排。在团队成员方面：一是要确定指导角色，由校级领导把关，专门领导分管。二是应当从教师中选拔骨干力量。不只是思想政治教师，更要使更多的辅导员成为思政教育的重要角色。在大学校园生活中，辅导员是连接学校与学生的枢纽，是感觉的神经末梢，对学生的思想动态有最详尽的把握。三是应当在学生中培养选择思政教育的意见领袖参与到思政平台内容制作和维护中，并作为教学的一部分，融入思政工作之中，进而使思政教育更好地深入学生中间。

（四）利用“互联网+”特性优化教学效果

为推动传统课堂的学生参与，高校虽然已进行过各种各样的尝试，但是对当前的思政教学工作来说，主流模式依旧是教师的单方面教授，即学生被动地听讲，这也是思政教育在某种程度上被视为枯燥说教的一个重要原因。“互联网 +”教学模式的一个巨大优势就是能有效提升学生的参与程度。造成传统课堂教育单向说教的一个重要原因是学生的实时反馈会打断课程的流畅和连贯，而“互联网 +”的技术优势可以随时记录学生的实时提问，教师按照具体情况，有选择地在特定时机回复留有空间。这样既能保证课程整体性，也能增加学生的参与度。在大庭广众之下有些学生羞于发言，而“互联网 +”的教学模式却让其发言具备一定的“匿名性”。实践证明，在慕课中发送“弹幕”对学生而言，比举手发言顾虑更少、更为舒适。

二、“互联网 +”时代思想政治课程线上教学存在的问题

互联网信息技术融入思想政治课程教学，虽然在一定程度上有很大的收获，但是线上教学毕竟是存在于网络的虚拟空间当中，还是存在一定的问题。

（一）课堂管理质量较差

在传统的思想政治课程教学中普遍存在班额较大这一问题，难免的会出现教师对个别学生顾及不到，在思想政治课程线上教学过程中，高等院校思想政治教师无法真实的观察每一位同学的课堂状态，不能及时地对课堂教学效果进行反馈，即使在上课之前，教师进行签到、点名，但依然无法保证每一位学生的上课质量。除此之外，对于一些自制力较差的学生来说，虽然点名、签到能够确保他的到课情况，但是也可能会一边线上上课一边忙于其他和学习无关的事情，部分学生还会出现早退的现象，这些问题的出现都会影响高校思想政治教师的教学，从而无法达到预期的教学效果。

（二）教师对线上教学平台掌握度有待加强

要确保线上授课顺利进行，就需要教师自身能够熟练使用线上教学平台。但是在思想政治课程线上教学过程中，出现部分高校思想政治教师使用平台的熟练度不高，在上课之前，每次要花很长时间去调试设备，使上课时间大打折扣，无法按照教学进度完成教学目标。同时，部分高校思想政治教师只能使用平台一些基本的功能，如播放课件、视频音频，签到等，但是对于其他功能还未熟练掌握，这都会影响实际教学质量。

（三）教学平台自身硬件设施有待完善

要保证线上教学质量，除了教师和学生的共同努力之外，还需要线上教学平

台进一步去优化自身硬件设施。线上教学涉及范围广，人数多，使用频率高，对教学平台本身就是一次巨大的考验。在线上教学平台使用过程中，往往会出现网络卡顿，甚至会出现整个平台的崩盘的现象。线上教学平台作为教学中介，是连接教师的“教”和学生的“学”的纽带，如果平台本身出现问题，导致高等院校思想政治教师无法正常进行授课，那必然会影响教学效果，所以教学平台必须要完善自身硬件设施。

三、“互联网 +”高校思想政治教育的反思与改进

“互联网 +”时代对高校思政教育工作造成了一定的冲击与影响，学生思想行为等也发生了很大的改变，传统的思想政治教育工作方式已经无法适应当前的思想政治教育客观要求，导致在思想政治教育的过程中出现很多困境与难题，对高校思想政治教育工作的实施造成不利影响。

（一）反思“互联网 +”高校思想政治教育的局限性

1. 思政教育的权威性弱化

“互联网 +”时代之下，信息交流具有开放性与交互性的特点，交流的成本很低，信息量较大，在一定程度上转变了传统的教育教学环境，不仅会对学生的思维与行为等造成影响，还会对教学形式与理念等带来深刻地改变。传统的思政教育工作中，教学模式具有单向性的特点，多以教师为中心，采用讲授的形式教学，难以有效地为学生提供思政教育服务，导致思政教育的权威性降低。尤其学生使用互联网平台相互沟通交流，如果思想政治教师不能在教育工作中合理地采用互联网平台，很容易使学生的思维与思想受到不利影响，长此以往，会出现不利于学生学习的现象。

2. 信息选择的难度提升

高校学生在学习与发展的过程中，已经形成了惯性的思维方式，自主意识很强，辨别是非与判断能力较高。然而，在“互联网 +”的背景之下，高校学生所接触的事物与思想具有多元化的特点，在外界因素的影响之下，会给学生带来巨大的冲击与影响。尤其互联网中含有海量的数据信息，在拓宽学生视野的同时，也会导致信息辨别的难度增加，容易导致大学生受到网络中不良信息的影响，出现过激或者是偏执的行为。另外，在互联网平台中大学生相互沟通交流，信息的传播具有随意性与无序性，各类杂乱、黄色、暴力的信息在网络中传播，影响着大学生的身心健康。

3. 思政教育的环境难以控制

“互联网 +”的环境之下，高校在思政教育方面不再局限于课堂，也不会局限在教师的教学与教材内容，而具有一定开放性与时效性。在思政环境开放的情况下，信息会变得更加全面，但是从客观的角度来讲，传统独立与封闭的教育环境中学校的教学会对学生产生一定影响，指导性很强且社会中的不良信息有限。而如今在“互联网 +”的环境之下，信息数据内容很多，负面与不良的信息无处不在，会使高校学生的思想与意识形态等受到不利影响，思政教育的环境很难控制。

4. 对网络系统和媒介的适应力不强

互联网时代，新媒体技术及其应用日新月异，相较而言，各高校的网络观念却非常落后，系统的网络在线思想政治教育平台尚未建成。各个高校目前的微博、微信等公众账号，以形象工程居多，与学生缺乏在线交流。以目前使用便捷、用户众多的微信公众平台为例，其尤为注重时效性和交互性。微信公众平台于 2012 年 8 月正式上线，各高校虽然陆续建立了微信公众平台，但并未真正发挥微信平台应有的作用，这充分表现出高校思政工作在应对网络系统和媒介的时候所表现出的滞后性。

5. 师生网络沟通用语不相适应

当今大学生常用的微博、微信、微视频、高校 BBS 及 QQ 等交流工具，其信息实时更新，极大方便了使用者及时了解社会动态、发布信息、评论热点、畅所欲言、共享信息，在平台上的语言也具有简练、通俗、形象、生动的特点。从事高校思想政治教育工作的教师，在网络沟通过程中，用语往往严肃有余而活泼不足，政策理论水平较高但无法转化为网络语言进行通俗易懂的讲解。这就造成了师生网络沟通用语的不协调。

（二）“互联网 +”高校思想政治教育的改进

“互联网 +”时代下高校思政教育的局限性，对大学生的思想发展等会造成不利影响。鉴于此，应结合实际的思政教育困境，总结丰富的经验，采用科学合理的方式改善思政教育工作现状，全面提升教育工作效果与水平。具体改进措施如下。

1. 静态化动态，提升课堂权威性

目前，高校大学生正处于信息快速传播与发展的阶段，对互联网的敏感度与适应度较高，互联网已经成为其学习与生活中十分重要的部分，对学生思想与行为会产生直接影响。在此情况下，高校的思政教育工作中，应遵循客观环境的各种要求，将互联网技术合理地应用在思政教育工作中，在重视理论教育的同时，营造良好的课堂环境氛围。高校思想政治教师在教育工作中，可借助互联网技术，将抽象的理论知识转变成为具体化与动态化的内容，使得教学内容变成学生感兴趣的部分，充分融入现实生活中的案例或者是时政新闻，提升课堂教育工作的魅力值与权威性。高校思想政治教师在自身工作中，应树立正确观念意识，不盲目地依赖传统教学方式，而是引导学生主动利用互联网渠道获取知识，营造出良好的教学氛围，将互联网平台的海量信息特点、时效性特点等充分发挥出来，拓宽各种教育内容，丰富教学的表现形式与手法，潜移默化地熏陶学生，指导学生形成正确的观念意识，打造出良好的课堂教学氛围，提升权威性。且在实际教学的过程中，还需按照高校学生的心理特点与行为特点，编制较为完善的思政教育计划方案，改善目前的教学工作现状，打破传统教育工作的局限性，通过互联网技术与网络信息平台，有效地培养学生的思想素养与道德品质。

2. 做好信息的辨别工作

高校的思政教育工作，应重点培养学生的人文素养与综合素质，遵循以文育人的工作原则，构建出良好的校园文化环境，开展较为丰富多彩的校园文化活动，使得学生受到积极向上与健康文化的影响，形成良好的思想素质，提升信息的辨别能力。教师可以将互联网作为辅助工具，在应用期间将其价值与作用充分展现出来，有机整合思政教育优势与先进的信息技术，全面提升教育工作的吸引力与时代感。在此期间，应转变传统的思政教育机制与模式，打造出线上与线上相互结合的教育模式，将互联网技术合理地应用在课堂教学中。例如：引导学生采用微信平台、QQ 平台等，提升教学的双向性，在各种平台中进行信息的互动，这样不仅有利于通过多元化渠道培养学生良好思想素养，还能提升其信息的辨别能力。在高校思政教育工作中，还需针对教学模式进行创新，不仅需要引导学生掌握与了解时政内容，还需要从实际情况出发考虑问题，拓宽思政教育的影响空间，增强学生的不良信息辨别能力，使其在互联网的环境中不会轻易受到不良信息的影响，思想素质得到全面提升。

3. 构建良好的课堂教学情境

高校思政教育工作中，应借助“互联网 +”平台为学生营造出良好课堂教学环境氛围，应严格进行教育进度、效果的管理与控制，形成科学化与合理化的教育机制与体系，在学生道德与思想行为方面发挥重要作用，促进大学生身心的健康成长。高校思想政治教师在日常工作中，应将自身的指导作用充分发挥出来，强化和学生之间的沟通交流力度，全面了解其思想动态变化，积极解决学生在学习与生活中的问题，提升学生对思想知识学习的重视度，使得教学与学生的需求相互契合，达到预期的教学工作目的。首先，可以采用互联网技术，营造出良好的媒介平台，并创建民主性的师生关系，强化师生之间的沟通交流力度，打破传统教学模式的局限性，更加重视学生学习能力的培养。在教育工作中应该给予学生主体地位一定重视，善于听取学生建议，积极参与到学习与交流活动中，及时对学生的想法与意见进行了解，提升思政教育工作的合理性与科学性；其次，采用互联网平台开展教学工作，应强化课上与课下的联系力度，使得思政教育贯穿于教学的始末，在确保相关思政教育科学性与实效性的基础上，促使其公信度的增强。最后，教师在教学工作中应结合学生的具体状况，开展针对性教育工作，为学生答疑解惑，使得思政教育工作满足学生的需求，从而增强思政教育的效果。

四、“互联网 +”高校思想政治教育的完善和优化

（一）引入实时性内容实现即时教育

在高校思想政治课程的移动互联网教学中引入实时内容，紧紧贴合高校思想政治课程的授课实质。思想政治课程以马克思的思想为指导，马克思主义的本质原理就是同时代共进步，紧密结合时事情况。高校思想政治课程的使命是对大学生的思想展开正确的引导，使其能够正确地认识现实发展的规律性，只有具有时代意识，对现实情况进行关注，研究新情况、新问题，明白目前学生的思想动态的发展变化，才能有目标地改进教学，提升教学质量。

随着移动互联网的不断普及，移动互联网趋于多元化趋势，而思想政治课教学要想与时俱进，就应依托移动互联网的技术优势开展思想政治课程的实时教育。据调查了解，相较于传统思想政治课程教学，学生普遍偏爱于移动互联网。

鉴于这种情况，高等院校思想政治教师必须坚持以马克思主义为引导，坚定社会主义的核心价值观念，紧随时代步伐开展思想政治课程的授课。首先，基于移动互联网背景下，高校思想政治教师应把握时机力求与学生形成良好的沟通交流方式，借助移动互联网的互动性，强化学生“三观”的培养，推动其综合素质的提升。其次，学生对我国文化的自信，对于我们实现文化强国具有重大的影响。当前网络技术的兴盛，顺应社会潮流的思想政治课程教学显得尤为重要，在学生的线下活动、线下学习及 QQ 群中，合理运用移动互联网的即时性优势，进而展开实时性的授课内容进行思想政治课程教学，使得思想政治课程的授课模式顺利

进行，从而推动授课目标的实现。最后，思想政治课程的教师需要明晰目前移动互联网的特征及运行规律，增强思想政治课程的授课方式与移动互联网的融合度。在移动互联网时代下，高校思想政治课程的授课形式呈现出多方面的问题。最主要的问题是学生能否实时获取学习资料。互联网的多元化对于传统教师为学生提供特定的教学内容提出了挑战。这对线上思想政治课程的授课模式提出了高标准：授课内容不仅要具有实时性而且应具有趣味性，从而增强授课内容的积极性和吸引力。因此，授课形式不仅要更加细致，而且要具有实时性。一方面，要加强对移动互联网的内容管理，形成移动互联网的教学理念，对于提取移动互联网中有用的内容具有重要意义，进而推动实时教育的顺利开展；另一方面，着力发扬社会主义核心的价值观及我国民族文化中的精粹，并将其与思想政治课程教学内容有机结合，培育学生养成正确的“三观”，引导学生正确看待文化自信。

（二）构建线上互动实现教育平等

在教学信息传递的过程中，个人思想意识及人与人之间的沟通交流模式，都会随着所在网络空间的变化而进行相应的变化。基于这种原理的推论下，可以得出这样的结论：在当前网络环境下，移动互联网及其终端能够对思想政治课程教学方式产生巨大的影响，移动互联网的普及使学生学习内容得到了丰富，实现思想政治课程教学的即时性，教学方式得到了优化，使得移动互联网时代下的思想政治课程的授课方式变为线上平等互动的方式。

在移动互联网时代下，移动互联网终端的普及能够对思想政治课程的教学方式产生较大的影响，移动互联网的飞速发展极大地拓宽了思想政治课程的教学内容的宽度，拓宽了思想政治课程的授课方式，从而促进移动互联网时代下思想政治课程的授课方式发展为在线的平等互动的授课方式。就目前授课形式的发展趋势来看，传统的授课模式目前已不再吸引学生和符合学生的个性化需要。因此，高校应汇集高校思想政治教师和相关行政部门的力量，搭建线上互动的教学方式进行平等教育，合理运用微信朋友圈、学校贴吧、学校社团等在学生群体中比较活跃的终端载体，充分发挥移动互联网载体的隐性教育作用，从而促进移动互联网的价值多元化。平等教育的本意是教育亲民的重点组成部分，是指人们在各种因素的限制下，基于法律和事实都可以享受同等教育。而在移动互联网时代，基于移动互联网的技术优势实现线上互助教育，有益于拉近师生间的距离及消除代沟。因此，基于移动互联网进行思想政治课程教学时，教师应具有正确的价值观和坚定的文化自信，营造移动互联网背景下思想政治课程教学的良好氛围，与网络的进步相协调，促进教学的互动平等。此外，教师应与学生在移动互联网环境中构建平行的教育模式，坚定“以生为本”的平行授课理念，了解学生的思想动态和客观需求进行汇总，进行有效的思想引导，实现思想政治教育的理论与实践相结合，实现移动互联网背景下教师和学生的平等互动教育，提升思想政治课程的教学质量。

（三）运用网络自学测评资源开展自助教育

当前，校园内的网络自助学习平台给思想政治课程的授课方式提供了一个全新的载体，成为移动互联网时代下提升学生的认识觉悟、思想水平的重要手段之一。因此，高校相关部门应合理利用移动互联网技术，合理运用其技术优势，开展自助学习测评模式，激发学生的学习积极性。自助教育是指基于移动互联网的空间环境和技术优势，学校构建专业课程的线上测试平台，以及相应的自评服务，大力鼓励学生运用自助服务学习，从而感受到其中的乐趣。一方面，自助的思想政治课程的授课方式能够使教师和学生很好地实现交流沟通，拓宽了信息传递的形式，将讲课内容与时政密切契合，指导学生形成良好的学习习惯，从而促进学校与社会及思想政治课程学生和教师之间的关联度；另一方面，移动网络测评的发展和运用对思想政治教师的综合素质有更高的要求，移动网络时代下的信息理念、运作技能及网络语言的熟练运用等，都是高等院校思想政治教师必须具备的基本能力，应加强培育和提升思想政治教师的综合素质，从而保证思想政治课程的授课实效性。

国务院办公厅主持的“政府网”微信号探索出了一项具有测试性质的软件程序：“做题送套餐流量，测试大家对政府工作内容的了解”，这款程序运用线上作答的形式进行，基于移动互联网的快速传播的特点，以及高校对政府文件的传达，使受众潜意识的通过日常行为对最新文件进行了解、认识、学习和思考，为政府和大众搭建了一种亲民的联系方式，效果显著。高校思想政治课程教师应积极把握这一能够高效地与目前互联网发展趋势相契合的信息化教学测评方式，或研究出更加具有吸引力的授课内容、政策性文件等相关测评程序，以安排抽奖、发放证书等形式调动学生的积极性，使其关注并主动加入自助学习形式中去，吸引学生的学习热情，从而达到理想的教学效果。在这个实践中，教师要结合线下教学模式，将其与移动互联网教学测评模式进行优化，将二者进行系统的整合，从而灵活、高效地开展教学，为移动网络时代下的思想政治课程的授课模式的创新注入新的活力，实现课程教学的优化效果。

（四）借助互联网开展职业规划与就业创业指导

对于大学生就业工作，高等院校不仅要承担大学生就业的责任，而且还需要提高大学生的就业质量。在我国计划经济时期，高等院校实行的是就业分配制度，简单说就是高等院校负责把认为合适的毕业生分配到合适的单位。后来，我国由计划经济转向市场经济，高等院校的就业工作也从就业分配转向了就业推荐，就业趋向双向选择，大学生也可以选择自主创业，针对大学生国家给予了相应的政策性的扶持。近几年就业压力持续不断，有的高等院校为了提高就业率，主动为企事业单位在校园搭台子举办招聘会或是与企业签订定向培养计划，保证一批大学生能够顺利就业。有的高校院系领导主动想办法，亲自带队到省内外企事业单位为大学生跑就业，签订了大量的就业订单。当前随着大数据技术的发展与大学生就业工作的融合，助推了大学生的精准就业。一方面，高校可以利用大数据技术筛选出全国企事业单位需求的招聘信息，掌握社会对大学生能力素质条件的需求，有计划实现本校毕业生与招聘岗位的匹配度。另一方面，为招聘单位提供可选择、高匹配的人员范围，把高匹配汇集的大学生群体在校期间学习成绩、社会实践、奖惩情况、工作意向等素质以数据呈现出来，使招聘单位能根据岗位需求精准找到所需的毕业生。未来高等院校还要注重与国家战略方向、地方政府发展方向紧密结合，加强职业规划和就业创业指导，实现本校毕业生与国家和地方的发展方向基本吻合，实现高等院校从人才培养过渡到服务社会报效国家的目标。

（五）借助互联网优化大学生政治信仰教育

1. 树立互联网政治信仰教育思维

在互联网条件下对大学生进行政治信仰教育，首要的是树立互联网教育思维方式。网络教育思维方式就是在网络时代这个特定的历史阶段，教育主体按照网络自身的特性和特定的教育目的对教育对象进行教育的思维模式。我们认为，这种网络教育思维方式应该包括两个方面，一方面是网络施教思维方式，另一方面是网络受教思维方式。

网络施教思维方式主要包括以下两个方面：第一，教师依然是政治信仰教育的施教主体，但这种主体身份与传统课堂上的主体身份已经有很大的不同了。传统课堂上教师几乎就是“讲坛圣人”、真理的掌握者和传播者，学生只能被动地接受，而不能有过多的质疑。但在网络条件下，学生获得的教学资源可能比教师还要多，如果还是采用原有的那种教学思维，教学效果会很差，还有可能被学生赶下讲台，或者在校园论坛中被批评和吐槽很是尴尬。这就要求教师积极地转变和树立新的教学思维方式，将自己由真理的掌握者变为真理的引导者。不仅要善于收集整理信息，而且要善于筛选和甄别信息，将那些对学生有害的信息过滤掉，防止其传播和扩散，坚持用马克思主义信仰观念教育和引导学生。第二，教师要将自己的角色放到更为宏观的网络环境下，要大力学习网络操作技术，把自己的教学工作由现实的课堂搬到网络上去。近几年来，“互联网＋教育”蓬勃发展，新的教育模式开始显现，教师应该积极地树立互联网教育新思维，依托网络展开大学生政治信仰教育。比如，利用网络视频进行授课，创建个人教育平台，利用微信等社交软件进行授课等。这些行为的关键在于教师互联网教育思维的确立，没有思想观念的更新，就不会有实际行动，更不会做出成就。

网络教育思维方式主要表现在教学方式的革命性变革上。传统大学生政治信仰教育基本上采用自上而下的单向灌输模式，这种模式最大的缺陷在于教学的静态性和狭隘性。互联网条件下新型教育方式的出现，对传统教育方式有革命性的变革意义。网络政治信仰教育是依赖集文字、图片、视频等多种教学媒介而展开的，使教育内容由静态走向了动态，教育方式完全突破了时间和空间的限制，由平面教学变为了立体教学，大学生可以利用任何时间来学习，也可以在任何可以交流的地方交流自己的学习心得，这是以往传统教育无法办到的，无论是学生还是教师，都应该很快在思维方式上适应这种新的教学方式，将大学生政治信仰教育水平提高到与时代发展相适应的水平。

2. 建设网上与网下互动的校园网络文化

校园网络文化是高校校园文化的新形态，也是大学生政治信仰教育所处的客观校园文化氛围，建设良好的校园网络文化对做好大学生政治信仰教育工作意义重大。网络校园文化从文化角度可以分为校园网络物质文化、校园网络精神文化、校园网络制度文化和校园网络行为文化。建设校园网络文化的基本原则就是坚持网上与网下的互动结合，实现二者的密切配合，共同完成大学生政治信仰教育工作。

校园网络物质文化建设主要是在线下进行，首先是各种网络硬件设施的建设。网络进入高校已经有多年了，许多高校的设备无论从功能还是技术上说都已经落伍于时代了，所以有必要进行更新换代。在配备新设备时一定要有前瞻性和全局观念，要考虑到校园的功能分区，合理规划各个区域的功能，尽量保证校园范围内的人们的正常工作、学习和生活。其次是大学生政治信仰网站的建设，就校园文化层面上而言，我们所要建的是大学生政治信仰教育主题网站。坚持以马克思主义和中国特色社会主义理论为指导，围绕一些重大政治问题、意识形态敏感问题和影响社会改革发展的全局性问题，旗帜鲜明地发表评论，积极引导大学生确立马克思主义信仰。

校园网络精神文化建设既要在线下进行又要在线上进行。线下进行大学生政治信仰教育的主阵地是思想政治课堂，教师将网络信息有选择地引入思想政治理论课教学内容中，对积极健康的信息予以肯定，使其成为思想政治理论课教学的有机组成部分和有益补充；对消极有害的信息予以理性批判，作为反面材料充实到教学内容当中去。线上进行大学生政治信仰教育的主要场所是主题网站。上传优秀网络文化作品是我们运用的主要方式。优秀网络文化作品是我们对大学生进行政治信仰教育的主要载体和基本手段，我们要用科学的理论武装大学生，用正确的舆论引导大学生，用高尚的精神塑造大学生。

校园网络制度文化建设重在用制度规范各种行为。没有规矩，不成方圆。无论是在现实校园当中，还是在网络当中，制度都是必不可少的。在互联网这个虚拟的世界里，一些违法犯罪分子躲在阴暗的角落里为非作歹，损害着人们的精神健康。因此，制定保障校园网络安全的法律法规和规章制度就十分必要了。它对各类校园信息网络提出相应的安全要求，把行之有效的安全技术和安全管理原则规范化并强制执行。通过法律的权威，给那些不良信息的传播者敲响警钟，用法律手段确保大学生马克思主义政治信仰教育顺利进行。

校园网络行为文化是指大学生在高校校园里和网络上各种行为的总和。大学生生活在校园中，现实的校园就是他们进行各种行为的场所，同时每一位大学生又是一个网民，活动的场所是网络，这种双重身份的存在，使大学生行为的复杂化。如何能够让大学生的各种行为更加理性，成为我们要解决的问题。我们认为，校园网络行为文化应该将网络资源与大学生的课余文化活动有机地结合起来，可以尝试着将各种大学生校园活动在网络上进行，比如辩论赛、文体活动等，利用网络平台展示大学生的活动内容和实况，使其他大学生在不到现场的情况下也能感受到他们的风采。同时，要有意识地管理校园不良行为，培养大学生在现实生活中和网络上的行为自治能力，营造出积极向上的校园文化。

3. *改进政治信仰培育的理念和方法*

教师可以利用互联网，整合教育资源，优化教学方法，提高教学质量，同时开放、共享的互联网环境也冲击着学生政治信仰基石，引发学生对政治信仰的质疑，为此教师需明晰“互联网＋”环境下大学生政治信仰教育过程中存在的问题，从教学方法及教育理念方面着手，探析新时期“互联网＋”环境下，培养当代大学生政治信仰之良策，为提高学生政治素质夯实教育基石。

首先，国家需做好网络环境管理工作，避免滥用网络开放、共享特性，广泛传播失真、劣质、违背社会主义建设与发展初衷的各类新闻资讯，完善网络资讯管理制度，确保大学生所接受的网络资讯客观、公正，为引导大学生树立正确的政治信仰营建良好的网络环境，同时高校需引导大学生做合格的网民，拒绝传播恶劣、失真及影响国家形象的资讯，规避互联网对大学生政治信仰教育的消极影响。其次，高校需加大互联网教育体系辐射力度，采办先进教育设备，建立政治信仰教育数据库，为教师灵活整合教育资源、充实现有教育体系奠定基础。最后，教师需积极学习先进教育手段，灵活运用 IT 技术及网络资源，创新实践教学方略，营建学生自主、科学高效的教育氛围，发挥“互联网 +”环境下当代大学生政治信仰教育积极能效，同时高校需引导教师开展“互联网 + 思政教育”教研活动，将教研成果纳入教师绩效考核中，确保教师关注互联网教育，不断提高自身互联网教育能力，为推动大学生政治信仰教育事业良性发展提供师资力量。

“互联网 +”环境下当代大学生政治信仰教育手段需要不断创新，如教师在进行政治信仰教育前期，可以引导学生搜集网络上与之相关的真实案例，允许课堂教学过程中出现不同的声音，有质疑才有思考，有思考才有进步，才能确保学生的思想与政治信仰相关教育内容交织在一起，教师需要参与到学生群体探论过程中，给予学生科学引导，通过辩证、论证说服学生，将政治信仰化作春风细雨，浇灌学生心田，在教师的不懈努力下，引导学生形成正确的政治观。如教师在和学生谈论中国游客的负面新闻时，需引导学生客观分析中国精神文明建设实况，同时引导大学生继承、发扬中华优秀文化，通过约束自身行为，在实践中体会政治信仰的力量，继而将政治信仰与大学生行为交织在一起，提高大学生政治素养。创新型教学方法无法“一言以蔽之”，只要其契合大学生政治信仰教育需求便可以施行，如教师可以采用微课教学法，引导学生自主学习思政知识，并形成电子报告，汇报学生自主学习成果，教师也可以借助互联网体系与学生进行实时互动，了解其学习阻力及精神动态，确保学生对政治信仰的理解精准、科学，有效落实政治教育目标。

此外，高校思想政治教育工作者还要优化政治信仰教育理念。教师需将学生视为课堂教学主体，引导学生把握政治信仰教育主动权，愿意与教师交流学习体悟，为教师灵活调整教育体系，提高政治信仰教育质量奠定基础，同时教师需在核心素养教育理念加持下，在传授思政知识的同时，培养学生政治素养，将政治意识深植学生心中，削减政治教育阻力，继而有效提高大学生政治信仰教育质量。

4. 优化大学生政治信仰教育的网络环境

互联网时代背景下，大学生政治信仰教育是在网络条件下展开，网络环境的质量如何会直接影响教育的质量和效果，所以有必要对网络环境进行优化，使其发挥最大功效，更好地为大学生政治信仰教育服务。我们将网络政治信仰环境划分为三个维度，即技术维度、社会维度和文化维度。优化大学生政治信仰教育的网络环境要从这三个维度着手。

网络技术是一种教育资源，是人的理性和智慧的结晶，人不但有能力对网络技术进行反思和控制，而且有能力使之更好地为人而服务。具体到大学生网络政治信仰教育的技术环境而言，一方面，是优化教育技术的“硬环境”，即各种教学硬件设施；另一方面，要优化教育技术的“软环境”即主题网站的建立和应用水平，只有将软硬环境的优化结合起来，才能说网络政治信仰教育在技术上是完善的。

互联网时代大学生政治信仰教育是在网络社会中进行的，在这一社会形态中最主要的关系是师生关系，优化大学生网络政治信仰教育的社会环境就是指优化网络师生关系。网络师生关系是一种交往和互动关系，教师通过网络媒介来进行政治信仰教育，担任信息源和把关人的角色，在一定程度上仍然处于主导地位，而学生作为网络社会关系的另一方处于受教育地位，以受教的思维方式与教师进行互动和交流，优化师生关系的主要方式是加强师生网络资源和信息的互动和交流，使教育活动能够更加顺畅地进行下去，提高教育的时效性和实效性。

互联网时代大学生政治信仰教育是在一定文化环境中进行的，只不过这种文化环境与网络结合了起来。优化大学生政治信仰教育网络文化环境重在关注网络文化的人文性和价值性。大学生不仅要学习马克思主义理论，而且要弘扬中国传统文化，要坚定马克思主义价值取向，让马克思主义信仰成为大学生的主流信仰。

（六）借助互联网加强党团和班级建设

高等院校“大思政”队伍一般理解为学校党政干部、辅导员、班主任、心理教师、共青团干部等，主要承担党团工作和班级建设等日常管理、思想政治教育工作。其中院系辅导员工作起着关键性的作用，决定着党团和班级建设的质量和效果，因此借助大数据技术对辅导员进行精准选拔、培养和发展至关重要。比如，在选拔使用方面按照教育部 1 ∶ 200 的带班比例配齐辅导员队伍，以院系辅导员岗位为单位，利用数据抓取应聘人员背景信息的相关度及个人意愿信息的符合度等，以这些数据信息作为选拔使用的参考，特别是院系辅导员是否适合兼任院系共青团、就业、党务等相关工作，都可以通过数据信息抓取吻合度。然而，国内许多高校随着招生人数递增，辅导员人数不变甚至减少，导致带班人数比例严重失衡，有的辅导员带班人数严重不足，还有的辅导员带班人数超比例超负荷工作，很难关照到所带的每一个学生。辅导员带班比例问题既有个别辅导员的主观问题，也有的院系大学生人数多与辅导员人数少严重失衡的问题。随着高校的数据化管理发展，辅导员带班模式将打破以所属院系为单位的模式，拓展为院系与院系合作辅导员带班模式，保证辅导员带班人数的均衡。大数据智能化的进一步发展，高校传统的以院系为单位或者院系与院系合作辅导员带班的模式将会彻底颠覆，取而代之的是大学生在入学时不按照院系的形式在网上选取自己喜欢的辅导员，辅导员所带的学生也不局限在一个院系专业，可能会涉及很多的不同的院系专业，同时大数据时代大学生网络思政平台也会辅助高校的思政工作队伍，承担一定高效率、重复性的工作，定期形成质量分析报告，思想政治教育工作者根据报告制定低效率、复杂性的思政任务，有针对性地开展育人工作，未来这种辅导员带班模式必将带动思政工作体制的改革。

另外，院系辅导员的素质能力决定了学生干部的培养及带班学生整体质量，因此高校应坚持在一体分类的基础上对每一个辅导员进行精准培训、精准培养、精准发展。首先，应通过大数据技术对每一个辅导员的基本信息进行全面采集，同时赋予他们更新的权限，按年度上传他们开展学生干部遴选培养激励等过程工作数据、开展学生入党培养工作数据、指导学生党支部和班团组织建设等工作数据。其次，要通过大数据技术对每一个辅导员的培训信息进行筛选，筛选出缺少专题培训、业务知识、挂职锻炼、学习考查等人员信息情况，统筹安排他们进行相关培训，完成培训后进行数据记录。最后，应通过大数据技术对每一个辅导员的兴趣意愿进行筛选，依据他们的兴趣与实际能力需求进行针对性的培养，有的可以选拔推荐定向攻读马克思主义、思想政治教育、心理学、教育学、管理学等专业硕士学位或博士学位，向学生工作职业化、专家化方向发展。有的也可以选拔推荐到学校组织部、人事处的储存数据库，可根据辅导员具体素质条件，统筹输送到教学岗、科研岗、后勤岗等岗位工作，使辅导员成为学校各岗位的后备军，激发辅导员的担当作为，形成辅导员从入口—过程—出口培训、培养、发展完整的职业生涯规划。

五、推进高校移动互联网信息建设

（一）完善移动互联网信息预防机制

移动互联网包含着各种各样的信息，有极快的传播速度，对频繁刷屏获取即时讯息的学生有着巨大的影响。当今，高校学生群体多为“95 后”的青年一代，他们对互联网拥有着强烈的求知心理，具有创新意识，是新时代中国特色社会主义合格创建者的接班人。同时，年轻一代的学生个性鲜明，如“三观”正处于发展期，没有坚定的理想信念，容易受当今多元化因素的影响。因此，为了做好移动互联网时代下的思想政治课程的授课信息防护工作，高等学校相关部门和思想政治课程的教师应迅速采取对策，创建移动互联网的信息预防机制，消除潜在的不良信息。

基于当前高校扩大招生规模的影响，多数学生有机会上大学，大学生的数量日益增多。但来自五湖四海的大学生具有思想各异、文化差异的普遍特征，“移动互联网革命”的深层次影响给高校思想政治教育带来了很大的挑战。只有高效、合理地汇集信息，将其进行系统整理，才能有效地做好信息预防机制。在这个繁杂的工作中，教师应提升自身的预警意识，以开放式思维和敏捷的观察力多维度地汇集问题信息，有效、合理地分析问题。在收集问题信息后，有针对性地对症下药，完善预警机制，避免问题的出现。

高校相关部门应高度重视结合高等院校思想政治教师的想法，合力为完善移动互联网信息预防机制提供有效建议。可以组织一支专业化、理论强、能力强的移动互联网信息预防专业队伍，选择传统节日或纪念日等特殊日期，对思想政治课程的教学主题网站、小木虫论坛及党政主流网站的相关内容进行查阅、检查的同时，还应对特殊节日的存在及影响学生思想理念的内容进行排查。此外，小组队伍应关注学生经常浏览的小木虫、校园贴吧及知乎等网站的巡查，对学生的相关言论进行条理性的归纳，及时了解学生对一些热点事件的看法及观点，进行思考。若遇到不明确的信息，应与授课教师进行探讨，以此提升移动互联网信息的辨识能力，希望通过小组队伍的努力，对学生可能出现的网络舆论趋势进行了解，对容易出现的带有诱导性的信息，及早引导，更正学生的错误认知，切实落实移动互联网信息预防机制，使移动互联网信息传播初期的良性运行。

（二）健全移动互联网信息监管制度

为了营造良好的移动互联网的学习环境，规范学生运用网络的行为习惯，有关部门应加强对移动互联网的内容监管，进行高效的网络信息监管建设。目前，错综复杂的网络信息，动摇着学生思想，加重了高等院校思想政治教师的担忧，迫切需要健全对移动网络信息的监管。移动网络的信息监管需要协同各部门合力创建，从而确保其监管的系统性、全局性。

首先，政府有关部门应加大对移动互联网信息的监管力度，如进一步改善当前已有的部门人员设置，以党的领导为主，将政府、电视台、教育等部门纳入其中，通过制定相关制度，强化对移动互联网信息载体的监管力度，特别是对移动互联网终端运营商进行监督，对包罗万象的信息进行筛选，对违法信息进行严格打击，为思想政治课程运用移动互联网终端教学提供和谐的信息环境。

其次，高校应协同政府合力健全移动互联网信息监管制度，根据高校师生运用移动互联网的实际情况，完善相关运行操作，着力发挥学校的育人功能，将引导与管理两种方式互补结合推进监管工作的顺利进行。基于校园网的以教育传播为中心，优化师生的校内工作空间，提升教育、学习、生活质量是校内与校外产生联系的关键枢纽，是传递大学文明及其发展情况的关键平台。因此，高校应强化校园里面的网络创建力度，应成立网络信息监管小组，对网络时代下校园网信息监管工作给予方向性的指导，监管小组成员应集高校领导、思想政治课程的授课教师及学生导员于一组，明确网络信息监管小组的责任。通过会议讨论、学习培训等形式增强小组成员的移动互联网信息监管技能，强化移动互联网载体安全及法制宣传教育，制定能够调动小组成员思想积极性的工作评价体系，落实校园网信息监管制度，从而提升思想政治课程的授课成效。

（三）创设移动互联网信息反馈体系

高等院校思想政治教师要想为学生提供移动互联网时代下的和谐的信息环境，不仅要协同创建移动互联网信息预防机制和监管制度，同时也要对网络信息反馈机制给予高度关注。高校相关部门需要积极采集基于网络的终端设备对校内教师和学生运用移动互联网的相关观点和建议，从而推进校园网、小木虫论坛等校园网络平台的完善和健全，这一措施对移动互联网背景下思想政治理论课教学及宣传具有重要的影响。移动互联网信息反馈机制以学生运用移动互联网情况的调查数据为依据，将学生的反馈信息及提出的想法作为高校思想政治教师完善工作体系的指导方向，同时对学生运用移动互联网获知讯息、发表言论的情况进行客观看待，关注学生在日常生活中的言论行为，有意识、有计划地对学生的偏激行为进行引导，使学生在移动互联网信息中具有获知、发表及传播信息的安全文明意识，使其养成追求正能量信息的习惯。授课情况的反馈是强化授课成效的重要环节，是教师获悉授课情况和授课成效的重要途径。在思想政治课程移动互联网教学中，应抓住移动互联网的优势进行信息反馈建设，进一步提高思想政治课程教学效果。

首先，基于移动互联网的教学载体，收集反馈信息。在线上授课的环节中，学生可以基于移动互联网载体即时向教师反映学习情况，教师可以通过即时获取的反馈内容迅速地调节授课节奏和内容信息，进而优化教学过程。思想政治课程的教师不仅可以基于互联网载体和线上互动获取授课情况，还可以基于专业的工作人员的指导进行大数据分析，通过互联网平台背后运行的云计算、大数据来全方位、多维度地获取学生的课堂学习情况，进一步完善课堂授课信息和授课进程。

其次，调动学生主动加入反馈活动。通过多元的模式激发学生反馈的热情，让学生由被动参与转为自主反馈。在思想政治课程移动互联网教学的模式中，教师既要通过学生的线上互动交流获取学生的学习情况反馈，又要动员学生在积极向教师反馈学习情况时，要表达自己希望得到教师怎样的回复，使得“教与学”和学生的横向反馈得到良好的运作。

最后，双向反馈相结合即网络平台上与网络平台下同时进行。移动互联网授课作为高等学校思想政治课程的重要授课平台，它是传统的对课堂授课的外延和补充。为了实现移动互联网教学的实效性，需要双向反馈相结合，进而多维度地了解教学的反馈情况，为教师在授课中及时调整授课方案提供现实依据。

参考文献

[1] 崔德华. 习近平防范化解重大风险重要论述融入高校思想政治理论课教学探析 [J]. 阿坝师范学院学报，2020，37（4）：20–29.

[2] 张轩语. 激励理论在高校思政教育教学中的创新应用 [J]. 现代交际，2020（24）：183–185.

[3] 代渝渝，刘平. 高校思想政治理论课教师教学行为体系构建与实证研究 [J]. 重庆理工大学学报（社会科学），2020，34（12）：82–92.

[4] 王舒. 网络时代高校思政课教学的语言艺术研究 [J]. 科教文汇（下旬刊），2020（12）：61–62.

[5] 王晓莉. 基于“互联网 +”视域讨论高校思政教育创新模式 [J]. 农村青年，2019（12）：39–40.

[6] 孟晓东. 论自媒体时代高校思想政治理论课教学创新的三重维度 [J]. 高校学生工作研究，2019（2）：97–102.

[7] 刘雨思. 论讲好“红色故事”在高校思想政治理论课中的有效融合 [J]. 红色文化资源研究，2019，5（2）：119–125.

[8] 杨慧宇. 新时代高校思想政治理论课教学评价体系研究 [J]. 池州学院学报，2019，33（6）：15–18.

[9] 俞念胜. 逐本溯源上好高校思想政治理论课 [J]. 池州学院学报，2019，33（6）：6–9.

[10] 张灏. 信息化背景下高校思政课教学改革探析 [J]. 长江丛刊，2019（35）：194；196.

[11] 刘白明. 高校思政意识与信息意识融合的路径研究 [J]. 思想政治课研究，2019（6）：40–46.

[12] 任占娟. 高校思政课信息化教学的实效性分析 [J]. 教育教学论坛，2019（50）：271–272.

[13] 代长彬. 高校思想政治理论课观念化教学改革研究 [J]. 湖南广播电视大学学报，2018（4）：91–96.

[14] 张富前. “互联网 +” 背景下高校思政课教学模式建构分析 [J]. 青年与社会，2018（36）：88–89.
[15] 刘丰瑞. “互联网 +” 背景下高校思想政治教育有效路径探究 [J]. 青年与社会，2018（36）：163.
[16] 刘红伟. 互联网视域下高校思政教育的改进路径 [J]. 知识文库，2018（24）：200–201.
[17] 张爱云，聂加龙. “互联网 +” 背景下高校思政课改革的多元化分析 [J]. 散文百家（新语文活页），2018（12）：149.
[18] 李婷婷. 探讨互联网与高校思政教学的结合模式 [J]. 高考，2018（35）：25.
[19] 迟婕. 互联网背景下高校思政课教学探究 [J]. 西部素质教育，2018，4（22）：44；46.
[20] 李宝. 互联网视域下高校思政教育的改进路径分析 [J]. 课程教育研究，2018（48）：72–73.
[21] 周倩. 互联网思维如何融入高校思想政治教育工作 [J]. 文学教育（下），2018（12）：50–51.
[22] 张莉. 信息化背景下高校思政课授课形式的创新研究 [J]. 扬州教育学院学报，2016，34（4）：68–71.
[23] 刘蓉. 多媒体技术在高校思政教学中的应用 [J]. 新闻研究导刊，2016，7（24）：287.
[24] 李元清. 信息化时代高校思政教育手段研究 [J]. 办公室业务，2016（24）：44.
[25] 赵梦晨，俞威妮. 传统教师课堂教学模式将走向何方？——互联网环境冲击下的传统教育变革 [J]. 知识文库，2016（23）：152.
[26] 陈浩. “互联网 + 教育” 内涵及其与传统教育融合探究 [J]. 陕西学前师范学院学报，2016，32（11）：8–13.
[27] 王建军. “互联网 + 教育” 教学方式改革的思考 [J]. 教育现代化，2016，3（34）：60–62.
[28] 邵雪. “互联网 +” 时代我国高等教育发展研究 [D]. 济南：山东师范大学，2016.
[29] 李刚. 互联网教育行业的发展现状及创新分析 [J]. 经济研究导刊，2016（23）：137–139.
[30] 曹阳，王友良. 互联网教育对教师的影响及对策分析 [J]. 齐齐哈尔师范高等专科学校学报，2016（4）：9–11.